ENCORE UN!...

Paris. — Imprimerie G. Rougier et cie, rue Cassette, 1.

CHARLES MONSELET

ENCORE UN!...

PARIS

BIBLIOTHÈQUE DES DEUX MONDES

L. FRINZINE ET Cie, ÉDITEURS

1, RUE BONAPARTE. 1

—

1885

Tous droits réservés

MA NUIT DE NOVEMBRE

D'APRÈS ALFRED DE MUSSET

Lorsque j'étais un écolier,
Noircissant déjà du papier
Comme un précoce mercenaire,
Je rencontrais à chaque instant
Un jeune enfant vêtu de blanc
Qui me ressemblait comme un frère.

Il avait un bedon naissant,
Un sourire réjouissant,
Une bouche fraîche et vermeille;
Il portait un nez retroussé,
Un peu large et déjà rosé,
Et sur la tête une corbeille.

Comme j'allais avoir quinze ans,
Et que mes chansons au printemps
Retentissaient par la bruyère,
Je vis, un frais panier au flanc,
Un jeune homme vêtu de blanc
Qui me ressemblait comme un frère.

*Son air était malicieux;
Il me traita de songe-creux
Et persifla ma chansonnette;
Puis, sur un signe de la main,
M'entraînant au fond du chemin,
Il me donna de sa galette.*

*Me poussant vers le cabaret,
Il me versa du vin clairet,
Et me fit troquer toute joie
Contre un plat bien assaisonné,
Un poisson dûment citronné,
Ou contre un lourd pâté de foie.*

*Lorsque je voulais travailler,
Il arrivait pour me railler;
Et moquant Byron ou Sénèque,
Il laissait une vague odeur
De mayonnaise ou de chou-fleur
Jusque dans ma bibliothèque.*

*Et je l'ai partout rencontré,
Partout où mes pas ont erré,
En France, en Alger, en Espagne,
A Bordeaux, sous les pinadas,
A Nice, sous les mimosas,
Et dans notre ancienne Allemagne;*

A Rivesalte où l'on boit sec,
Dans les ruelles du Rydeck
Dont la moitié n'est que ruine;
A Nantes où mon berceau rit,
A Londres où tout s'assombrit,
A Marseille où tout s'illumine.

Partout où j'ai bâillé mes jours,
A toute heure, en tous lieux, toujours,
Dans le palais ou la chaumière,
J'ai retrouvé, la toque au vent,
Un cuisinier vêtu de blanc
Qui me ressemblait comme un frère

C'est lui qui m'a, tant qu'il a pu,
Jusqu'aux moelles corrompu
Et flétri de sa sotte ivresse,
Et fait faire un vaste plongeon,
Absolument comme un goujon,
Dans la Seine de la paresse.

LA MUSE

O poète! ô mon bien-aimé!
Renais à mon souffle embaumé;
Lâche ces restaurants de joie
Où tout se fane et dépérit,
Où l'on perd la force et l'esprit,
Avec ce qu'on a de monnoie.

LE POÈTE

Chère mignonne, bien parlé!
Je reconnais ton style ailé
Et tes excellentes morales;
Mais il est bien tard, sapristi!
Et je suis encor tout meurtri
De tant de noces magistrales.

LA MUSE

Allons, va, ce ne sera rien;
On peut toujours revivre au bien.
N'as-tu pas dans ta chambre encore
Ce vieil instrument nommé luth,
Acheté devant l'Institut,
Dont tu pinçais à ton aurore?

Le vers entretient la santé;
Reviens, je te ferai du thé.
Les vents ne seront plus contraires;
Reviens! on revient de plus loin.
Ne t'a-t-on pas gardé ton coin
Parmi tes milliers de confrères?...

CHARLES MONSELET.

ENCORE UN

POUR COMMENCER

Le comble de la gêne pour un journaliste, c'est de se trouver vis-à-vis d'un monsieur qui lit votre article.

Je me suis vu tout dernièrement dans ce cas.

Je roulais seul dans un wagon du chemin de fer de Paris à Saint-Germain, lorsque, à une station quelconque, la porte de mon compartiment s'ouvrit pour laisser entrer un voyageur.

Ce voyageur, correctement vêtu, n'avait rien qui le signalât particulièrement.

Il ne crut pas devoir me saluer, ce qui me laissa parfaitement indifférent. Je ne tiens pas beaucoup à ce que le nombre des gens bien élevés soit très répandu : — c'est un privilège que je désire me réserver pour moi et quelques amis.

Ce voyageur s'installa en face de moi, me regarda à peine et tira immédiatement de la poche de son pardessus un numéro de journal.

Malgré ces manières un peu lâchées, je me sentis flatté de cette hâte, — d'autant plus que ce journal contenait une de mes Chroniques, et que ce fut par elle que le voyageur commença sa lecture.

A partir de ce moment, il me parut avoir une meilleure tournure, — et je me vis disposé à revenir de ma prévention contre lui.

S'il avait oublié de saluer, c'est qu'il était préoccupé sans doute... et pressé de lire le journal.

Je pouvais me contenter de cette excuse.

Il se mit à lire ma Chronique attentivement, posément, — lorsque, au bout de quelques minutes, il abaissa le journal sur ses genoux et se prit à regarder par la portière.

— Mon exorde ne l'a pas captivé, pensai-je ; c'est ma faute ; j'ai quelquefois des commencements froids, on me l'a souvent dit... Je devrais prendre le lecteur brusquement, à la cravate... Ah ! le journalisme n'est pas chose facile !... Et cependant, fallait-il entrer en matière par une de ces grosses plaisanteries qui répugnent à ma nature de lettré ?... Pourtant, j'aurais conquis de prime abord ce monsieur, et il ne m'aurait pas lâché comme il vient de le faire.

Le monsieur cessa de regarder le paysage galopant, et il reprit son journal.

Je craignis un instant qu'il ne retournât la page. Mais il n'en fut rien, et il se reprit à ma Chronique, par un acte de bon goût dont je lui sus gré.

Il en avala encore une gorgée de trente lignes, après l'absorption desquelles je crus surprendre un sourire sur ses lèvres.

Un sourire, oui, vraiment, c'en était un !

— J'étais bien certain, me dis-je, que je finirais par l'intéresser. Je me souviens qu'à un certain endroit de mon article il y a un de ces mots auxquels on ne résiste pas. Evidemment, ce monsieur, que j'avais mal jugé, est un homme intelligent. Il a d'ailleurs une bonne façon de rire... c'est franc, c'est sincère... J'ai touché juste. Le journalisme ne trompe pas.

Par malheur, mon lecteur s'interrompit une fois encore dans sa lecture.

Et je me dis :

— Il n'aime pas les longs morceaux ; il y a des gens comme cela... c'est un délicat... il veut savourer. Pourtant, j'aurais préféré qu'il se sentît entraîné du commencement jusqu'à la fin. Le siècle est blasé ; on veut à présent de la littérature express... Ah ! le voilà qui s'y remet !

Il s'y était remis, en effet.

— Je l'attends au mot de la fin, pensai-je.

Mais, avant le mot de la fin, bien avant, il échappa au voyageur un bâillement, un énorme bâillement, qui me fit faire un haut-le-corps involontaire.

Il me regarda alors.

— Eh bien ! non, me dit-il, non, tu as fait mieux que cela, mon vieux !

C'était un de mes amis, un de mes bons amis, que je n'avais pas reconnu, — en raison de ma myopie extrême.

UNE AVENTURE DE M. RENAN

C'était au temps où le jeune transfuge de Saint-Sulpice venait de lancer son livre-brûlot de la *Vie de Jésus*. On se souvient du scandale extraordinaire que souleva cet ouvrage dans le parti catholique. Il y eut comme une panique parmi le clergé, — panique qui gagna bientôt une certaine partie de la noblesse.

Les évêques fulminèrent, les simples curés se mirent de la fête. Les bonnes femmes épouvantées crurent à la venue de l'Antechrist.

Le nom d'Ernest Renan acquit en quelques semaines une redoutable notoriété.

A cette époque, le doux et sacrilège écrivain voyageait au bord de la mer ; il cherchait une retraite pour continuer ses travaux. Il se trouvait à Dinard, cette charmante et pittoresque banlieue de Saint-Malo. Il était descendu à l'hôtel tenu par M. Nicolas.

Un gros monsieur, ce M. Nicolas, en dépit de son nom roturier. Il est mort dans une de ses superbes propriétés, aux environs de Tours.

Ajoutons que M. Nicolas, l'hôtelier, était le père du chanteur Nicolini.

En descendant à l'hôtel de M. Nicolas, l'auteur de la *Vie de Jésus* avait inscrit son nom sur le registre des voyageurs, comme c'est l'usage. Le soir, il s'assit à la table d'hôte, occupée par une dizaine de convives, — des gentillâtres du pays, à ce qu'il crut comprendre à leur conversation.

Il s'aperçut qu'il était fort remarqué.

On se parlait bas et vivement en le désignant. Deux ou trois personnes affectèrent même d'expédier leur repas et de quitter la table avant le dessert.

M. Ernest Renan feignit la plus parfaite indifférence, et n'en perdit pas un coup de dent.

Le lendemain matin, on frappait discrètement à la porte de sa chambre.

— Entrez, dit-il.

C'était le propriétaire de l'hôtel, c'était M. Nicolas. Il avait l'air fort embarrassé, et roulait son bonnet entre ses mains.

— Qu'est-ce qu'il y a pour votre service, monsieur Nicolas? lui demanda M. Ernest Renan.

— C'est assez difficile à vous dire.

— Allez toujours.

— Eh bien, vous avez été reconnu.

M. Ernest Renan sourit.

— Hier au soir, n'est-ce pas? dit-il à M. Nicolas.

— Oui.

— Par ces gentilshommes bretons qui dînaient à côté de moi?

— Précisément. Ils venaient de lire votre

nom sur mon registre. Aussi quelle idée de ne pas mettre un nom de fantaisie, un nom en l'air!

— Parce que je n'ai aucune raison pour cacher le mien, monsieur Nicolas.

— C'est juste. Mais il n'en est pas moins vrai que vous voilà signalé dans le pays.

— Signalé... le mot est heureux, reprit M. Renan en riant de nouveau, signalé! on ne dirait pas autrement pour Mandrin ou pour Jud.

— A qui la faute ?

— A moi évidemment.

L'embarras de M. Nicolas redoublait.

— Si je ne consultais que mes sympathies, ajouta-t-il; si je n'écoutais que moi-même...

— Je vous remercie, monsieur Nicolas, je suis touché, vraiment touché.

— Mais mon intérêt... l'intérêt de mon établissement...

— C'est clair, dit M. Renan.

— Ces gentilshommes sont de mes meilleurs clients ; ils ont l'habitude de descendre plusieurs fois par an dans mon hôtel.

— Cela se comprend... le meilleur hôtel de tous les environs !

— Ils font de la dépense.

— Cela ne m'étonne pas ; la Bretagne aime à festoyer... Je parle de la Bretagne riche, parce que l'autre... hélas !

— Presque tous ont été élevés dans des idées religieuses... peut-être exagérées... Cela explique...

— Cela explique quoi, monsieur Nicolas ?

— Comment ils se trouveraient... gênés si votre séjour dans mon hôtel devait se prolonger.

— Arrivez-y donc ! s'écria M. Renan ; je vous voyais venir depuis dix minutes.

— Excusez-moi, balbutia M. Nicolas en s'essuyant le front.

— De tout mon cœur... En d'autres termes, ces messieurs vous ont dit de choisir entre eux et moi.

— C'est cela.

— Et qu'ils ne remettraient plus les pieds dans votre hôtel si je continuais à le souiller de ma présence.

— Vous les avez donc entendus ?

— Non, mais je connais leur langage. Vous voyez que je ne m'abuse pas sur ma funeste réputation. Adieu, monsieur Nicolas.

— Vous partez ? murmura le bonhomme interdit.

— Je ne veux pas être un obstacle à la prospérité de votre établissement.

— Croyez à mon véritable regret, au moins.

— Je crois à tout, monsieur Nicolas, quoi qu'en puissent dire vos clients catholiques et aristocratiques. Adressez-leur toutes mes salutations.

— Oh! pour cela, je ne m'engage à rien...

— Pourquoi ? je ne leur en veux pas, je vous assure.

Ce fut ainsi que M. Ernest Renan quitta l'hôtel Nicolas et fut empêché de se fixer dans le joli cottage de Dinard.

OPINIONS A VENDRE

Savez-vous où je me fournis d'opinions ?

Ce n'est pas dans les journaux qui sont assurément très éloquents, très spirituels, très convaincus et plus persuasifs les uns que les autres.

Ce n'est pas dans les cafés, où le tapage des causeries fait *tourner* les consommations.

Ce n'est pas dans les livres, qui, quelque élevés ou profonds qu'ils soient, sont toujours en retard sur les événements.

Ce n'est pas en moi-même, — pauvre *moi*, incohérent mélange de regrets et d'aspirations !

Je me fournis d'opinions chez mon papetier.

Qu'on ne s'en étonne pas outre mesure.

* * *

Autrefois un papetier n'était rien qu'un papetier, — c'est-à-dire un homme comme un autre, qui demeurait dans un magasin et qui payait une patente à l'Etat.

Sa principale industrie consistait à vendre du papier, — et, accessoirement, des plumes, de l'encre, des crayons, de la cire à cacheter, de la sandaraque, et autres menus objets se rapportant tous à l'art d'écrire.

Voilà ce que c'était qu'un papetier autrefois.

Aujourd'hui, ce n'est plus cela. Le papetier est devenu un homme politique. Pour lui, maintenant, les plumes, les crayons ne sont que choses secondaires. Il se moque du papier, — qu'il soit *poulet*, *coquille*, *velin* ou *bristol*. S'il daigne encore débiter quelques enveloppes, s'il consent de temps à autre à céder quelques boîtes à couleurs, c'est pour arriver plus promptement à l'écoulement d'un fonds — qui l'importune.

Il a, ma foi ! bien d'autres préoccupations en tête, le papetier d'aujourd'hui !

*
* *

Il vend des opinions.

Sa vitrine est un journal où il étale audacieusement la nuance de son drapeau, sous les apparences d'une multitude de cartes photographiques.

Tel papetier est orléaniste et ne vend exclusivement que les portraits des fils et petits-fils de Louis-Philippe :

Le duc d'Aumale, doux, fatigué, l'œil légèrement voilé ;

Le duc de Nemours, qui rappelle le Béarnais ;

Le prince de Joinville, au crâne proéminent ;

Le comte de Paris, dont le regard semble indifférent, — et pourtant...

Tous ces princes sont disposés en éventail et répétés dans la boutique.

Tel autre papetier est légitimiste et s'est voué absolument à la glorification des Bourbons. Il en tient dans toutes les dimensions et sous toutes les formes, encadré, colorié, en relief, en presse-papier, en porte-monnaie, en carnet, — avec tous les attributs de la vieille monarchie : casque à cimier et à panache, couronnes, fleurs de lys...

La croix et la bannière, enfin !

A celui-là, la rue du Bac, la rue des Saints-Pères et tous les alentours de Saint-Sulpice.

Ne pas oublier le passage Choiseul, où *trône* le papetier Jeanne, qui a été le premier papetier politique, et qui, comme tel, a subi jadis de nombreuses comparutions en justice.

* * *

Un troisième papetier persiste dans le culte d'un pouvoir écroulé.

Sa chapelle est une chapelle funéraire, où l'on n'aperçoit que les trois têtes pâlies des hôtes de Chislehurst : père, épouse et fils...

Voir pour cet article la rue de Castiglione, la rue de la Paix et les boulevards avoisinant le nouvel Opéra.

* * *

Celui-ci enfin est républicain, — républicain plus ou moins *avancé*, comme on dit du gibier.

Il ne *fait* que les Gambetta, les Quinet, les Louis Blanc. Son étalage en est semé ; il les importe et il les exporte.

On comprend qu'une fois engagés dans cette voie, les papetiers en arrivent facilement à se prendre pour des personnages et à s'accorder une importance considérable. Ce n'est plus un commerce qu'ils font, c'est une fonction qu'ils exercent, — presque un apostolat. Ils ont part aux destinées du pays, ils se mêlent aux luttes politiques de chaque jour...

Ils jouent un rôle enfin !

Un d'eux s'abandonnant hier aux confidences, le regard inspiré, une main dans son gilet, à la façon des hommes d'Etat (Berryer, *un franc cinquante centimes*, avec double-filet chromo-lithographique), disait ainsi :

— Il faudra bien que l'on compte avec moi lorsque l'heure du triomphe sera arrivée. J'ai rendu d'éminents services à *la cause*.

Il dit : *la cause*, l'orgueilleux papetier !

— J'ai été un foyer de propagande ; *ma rue* tout entière est depuis longtemps convertie à mes principes ; tout l'arrondissement le sera bientôt.

Il dit : *ma rue*, l'orgueilleux papetier !

Il dit bien d'autres choses encore ; il se vante d'être en correspondance avec les principaux chefs du gouvernement ? et il a promis une place au neveu de mon concierge.

Celui-là est le papetier imposant, solennel.

*
* *

A côté, il y a le papetier farouche, passionné, fanatique

Aussi ne faudrait-il pas se tromper de papetier et s'aviser de demander des Rochefort à qui tient des Bourbons ou des d'Orléans, — et réciproquement. On courrait le risque d'être fort mal reçu ; peut-être se ferait-on une méchante affaire.

O vanité des vanités ! Comme nous sommes loin des modestes *fournitures de bureaux!* Et de quel air veut-on aujourd'hui que le papetier accueille, par exemple, Toto, qui viendra lui acheter une feuille à compliment ou deux sous de gomme élastique ?

Retombera-t-il de ses hauteurs pour servir ce môme ?

Allons donc !

Il le renverra dédaigneusement à l'un de ses commis, et il retournera, plein de majesté, à son idole politique.

UN CALEMBOUR HISTORIQUE

Quelles sont les causes de la Révolution française ?

C'est une question qui revient souvent sur l'eau.

L'autre soir encore, elle était débattue dans un salon du quartier des Champs-Elysées.

Il y avait trente personnes, il y eut trente avis différents.

— La Révolution française provient de la philosophie et des philosophes.

— De la cour !

— Des Parlements !

— La cause de la Révolution française, c'est le *Mariage de Figaro* !

— C'est le déficit des finances !

— C'est un baiser de Sophie Monnier à Mirabeau.

— C'est l'affaire du Collier, etc., etc.

— Non, dit un nouveau survenant, c'est le calembour de Robert Saint-Vincent : « Vous nous offrez un état général des finances, ce sont des Etats généraux qu'il nous faut ! » Ce coq-à-l'âne fut applaudi avec enthousiasme au Parlement, les conseillers siégeant en robes rouges. Depuis lors, on demanda une fois par jour les Etats généraux, jusqu'à ce qu'on les eût obtenus.

*
* *

Je ne cherche pas les comparaisons

entre les républicains d'aujourd'hui et les républicains d'autrefois ; mais ces comparaisons viennent me chercher ; elles me sont apportées par le hasard ; je ne peux pas les éviter.

Exemple : j'ouvre ce matin les *Lettres d'un voyageur*, par George Sand. Mon dessein était de me procurer une heure de distraction littéraire ; je croyais être bien sûr de mon affaire : un volume de voyage ! un livre de la période romantique !

Ah ! bien oui ! — Au bout de quelques pages, l'auteur m'entraînait à sa suite en pleine politique et en pleine République. Mais la politique de George Sand fait venir le miel aux lèvres ; lisez plutôt ce délicieux fragment adressé à son ami Evrard :

« Ecoute ; si vous proclamez la République pendant mon absence, prenez tout ce qu'il y a chez moi, ne vous gênez pas ; j'ai des terres, donnez-les à ceux qui n'en ont pas ; j'ai un jardin, faites-y paître vos chevaux ; j'ai une maison, faites-en un hospice pour vos blessés : j'ai du vin, buvez-le ; j'ai du tabac, fumez-le ; j'ai mes œuvres imprimées, bourrez-en vos fusils. Il n'y a dans mon patrimoine que deux choses dont la perte me serait cruelle : le portrait de ma vieille grand'mère et six pieds carrés de gazon planté de cyprès et de rosiers. C'est là qu'elle dort avec mon père. Je mets cette tombe et ce tableau sous la protection de la République, et je demande qu'à mon retour on m'accorde une indemnité, savoir : *une pipe*, une plume et de l'encre, moyennant quoi je gagnerai ma vie joyeusement et passerai le reste de mes jours à écrire ce que vous avez si bien fait. »

Je ne sais si je me trompe, mais il me semble qu'on n'écrit plus de ces belles et bonnes pages.

DU PAYSAGE EN POLITIQUE

Nous sommes une nation essentiellement idyllique. C'est notre tour d'esprit de tout rapporter aux choses de la nature. Le grand Pan est resté notre maître. Il suffit pour en être convaincu de se rappeler notre langage politique et d'évoquer quelques-unes de nos formules parlementaires.

Ce ne sont qu'images agrestes, fleurs cueillies dans les jardins littéraires.

En premier lieu, nous avons le célèbre *horizon politique*, qui a tant servi à nos pères et qui servira encore à nos fils : « *L'horizon politique se rembrunit... l'horizon politique s'éclaircit...* » Cet *horizon*-là a certainement plus rapporté aux politiciens qu'aux poètes.

Puis vient, toujours par ordre de date, le *soleil levant du progrès ;*

L'*aurore de nos libertés ;*

Et le *grand jour de la discussion* !

On a remué des masses avec ces trois métaphores.

Si nous descendons vers la terre, qu'y rencontrerons-nous ?

Le *champ des conjectures ;*

Le *terrain du libre-échange ;*

Le *sol brûlant de la polémique.*

Dans cette langue-là, la monarchie est un arbre, un chêne si vous voulez, ou même tout simplement un *tronc aux vivaces racines* (toujours si vous voulez). Ce qu'il y a de singulier dans cet arbre, c'est que, malgré ses profondes racines, il n'a eu que deux branches : la *branche aînée* et la *branche cadette.*

Dans cette langue-là, M. de Tillancourt était une *source* inépuisable de calembours ;

M. de Fourtou remontait le *courant de l'opinion publique ;*

M. Leblond s'embarque sur la *mer orageuse du budget* ;

M. de Broglie brave le *flot populaire*.

On voit que l'eau joue un grand rôle dans le paysage en politique. Encore quelques exemples :

La *tempête parlementaire* de l'autre jour a eu son dernier écho aujourd'hui...

Au début de la séance, nous avons été assaillis par un *déluge de pétitions*...

La présence de M. Spuller à la tribune soulève un *ouragan de récriminations*...

A ce *torrent de passions* déchaînées succède un calme plat...

Il y en a d'ailleurs pour tous les goûts et de tous les genres.

Voulez-vous un oiseau ? — M. Dréolle va donner l'*essor* à sa faconde.

Puis, ce sont des *nuages qui s'élèvent* dans la commission.

C'est le *labyrinthe* où M. le ministre cherche à nous égarer.

On n'en finirait pas à rappeler toutes ces expressions, qui sont d'un usage constant dans le monde des sénateurs, des députés et des journalistes.

LE CHÊNE DE SAINT LOUIS

Chaque ministre a ses moments d'enivrement pendant les premiers jours de son arrivée au pouvoir, ses bouffées d'involontaire orgueil. On n'échappe jamais complètement à l'humanité.

Autrefois, c'est-à-dire sous l'empire, ce sentiment de satisfaction débordante se traduisait chez le nouveau ministre par un redoublement d'exigence au point de vue de l'étiquette. Il demandait plus de morgue à ses huissiers, plus de cravate blanche à ses secrétaires.

Puis, il s'appliquait à devenir inaccessible.

Anjourd'hui, c'est tout le contraire. J'aime mieux aujourd'hui. Chaque ministre nouveau est affolé de popularité; il voudrait recevoir tout le monde, répondre à toutes les lettres. A quoi bon des demandes d'audience ? Pourquoi ne pas laisser les portes grandes ouvertes ?

— Vous seriez trop encombré, monsieur le ministre, objecte le secrétaire.

— Bast! bast! Qu'ai-je besoin d'engraisser tant de garçons de bureau ?

Et il jette à ceux-ci un regard chargé d'anciennes et secrètes rancunes, car il se rappelle les temps où il n'était pas ministre, et où il avait à subir leur indifférence ou leur hauteur.

— Vous me ferez un rapport sur tous ces gens-là, dit-il.

— Oui, monsieur le ministre.

— J'entends qu'on arrive jusqu'à moi sans aucune de ces formalités ridicules qui ont hâté la chute de mes prédécesseurs.

— Parfaitement.

— Et tenez, dans quelques jours voici venir le printemps, les premières feuillaisons, le renouveau... Qui est-ce qui m'empêcherait de donner audience dans mon jardin; de travailler sous mes arbres, au milieu des chants des oiseaux?

— Personne, monsieur le ministre!

— On se moque de saint Louis et de son chêne... On a tort... Saint Louis était un homme d'esprit...

— Qui a dû s'enrhumer bien des fois.

— C'est possible; mais le principe était bon.

Ainsi parle la nouvelle Excellence devant le secrétaire, qui l'écoute en souriant.

O la lune de miel des ministères!

CRIMES

Et je me promenais le long de la Seine, du côté de Sèvres, au soleil couchant. Les accords d'un orchestre de guinguette arrivaient doucement à mes oreilles, se mariant aux chansons des canotiers agitant l'eau de leurs périssoires.

Et je me disais : « Est-ce que cela va durer longtemps comme cela ? Est-ce que tous les environs de Paris vont fatalement être marqués un à un d'une tache de sang ? Est-ce que toutes les tonnelles seront désormais reconnaissables à un assassinat ? Est-ce que tous les barbillons seront saumonés par le crime ?

« Que de jolis endroits on m'a gâtés pour toujours ? Faut-il compter les villages qui me sont interdits par un ressouvenir homicide? J'avais un délicieux itinéraire pour mes dimanches d'été; le voilà ainsi corrigé par la *Gazette des Tribunaux* :

« Le meurtre de Montreuil-sous-Bois;

« L'empoisonnement de Joinville-le-Pont;

« Le cadavre de Chatou;

« Le pendu de Bezons;

« Les noyés d'Asnières;

« Le drame de Bougival;

» La boucherie du Pecq;

« L'infanticide de Maisons-Laffitte;

« Le parricide de Ville-d'Avray;

« L'incendiaire de Créteil;

« Le sacrilège de Meudon;

« Le fratricide d'Argenteuil;

« Le viol de Bois-Colombe;

« Le suicide de Nogent, etc., etc.

« Qu'est-ce qui me restera, à présent que les assassins ont tout pris? Où m'en irai-je herboriser sans courir le risque de ramasser, au lieu d'une pervenche, le bras ou la jambe d'une femme coupée en morceaux? Est-il encore une oasis hors des fortifications où je puisse rimer un rondeau sans voir tout à coup se lever sur ma tête un merlin ou un couteau emmanché *sommairement?*

« Triste, oh! furieusement triste!

« Les grandes traditions du crime elles-mêmes vont se perdant. Il y a quelques années encore, les malfaiteurs (voyez ma politesse!) avaient la délicatesse de vous dire en vous abordant : *La bourse ou la vie!* C'était une attention dernière, quelque chose des belles façons des siècles antérieurs, un restant d'égards. On sentait la manchette de dentelles de Cartouche.

« Aujourd'hui, ah bien! ouiche! Le premier galopin venu, sans dire gare, vous saute à la gorge et vous *serre la vis...*

« Plus de procédés! la décomposition sociale absolue... »

Ainsi pensais-je en me promenant le long de la Seine, du côté de Sèvres, au soleil couchant.

UN CANDIDAT A L'ACADÉMIE

Je vous étonnerais beaucoup en vous disant le nom du personnage, — du savant, — qui fait en ce moment ses visites pour l'Académie française.

Qu'il vous suffise de savoir que c'est l'homme le plus distrait de France.

Pas plus tard qu'avant-hier, il se présentait chez un de nos célèbres littérateurs.

« Mon cher confrère, lui dit-il avec un sourire officiel, je viens vous demander votre voix.

— Ma voix ? fait l'autre étonné.

— Oui.

— Pour quoi faire ?

— Eh bien, pour l'Académie.

Arsène Houssaye (ma foi ! j'ai lâché son nom) le regarde avec étonnement.

— Mais je ne suis pas de l'Académie, mon cher, lui répond-il.

— Comment! vous n'êtes pas de l'Académie?

— Mais non, je vous assure.

Notre distrait demeure immobile et décontenancé.

— En êtes-vous bien certain? balbutie-t-il.

— Oh! absolument certain! répond Houssaye en riant.

Les sourcils de X... se froncent; il sort de la chambre en grommelant.

— Quand on n'est pas de l'Académie, on le dit, que diable!

* * *

Du même :

En sortant de chez Arsène Houssaye, il prend ses précautions, et c'est après avoir consciencieusement interrogé l'almanach Bottin qu'il se rend chez Emile Augier.

— Ah! çà, vous en êtes, vous, j'espère? lui dit-il.

— J'en suis... de quoi?

— De l'Académie.

— On le prétend.

— Très bien. Alors, j'ai l'honneur de vous demander votre voix.

Émile Augier fait un mouvement.

— Est-ce qu'il y a quelqu'un de mort?

— Je n'en sais rien... mais il y a toujours un mort en permanence à l'Académie.

— Pas en ce moment.

— Croyez-vous? Il me semblait avoir lu dans les journaux...

— Non, non!

— Après tout, si ce n'est pas pour aujourd'hui, ce sera pour demain.

— Grand merci! fit Émile Augier en riant.

— Je ne dis pas cela pour vous... mais convenez qu'il y en a de bien vieux à l'Institut.

— C'est vrai.

— Témoin Viennet !

Nouveau mouvement d'Émile Augier, accompagné de ces mots :

— Mais, mon cher ami, Viennet est mort depuis longtemps.

— Bah !

— J'en ai des preuves.

— Vous voyez bien... on peut s'y tromper. Il n'y a donc rien d'extraordinaire à ce que je m'y prenne à l'avance.

— D'extraordinaire, non... d'inusité tout au plus.

— Bon ! bon ! laissons là les convenances... l'important est que j'arrive bon premier. Ainsi, pensez à moi lors du... prochain mort.

— Quel qu'il soit ?

— Parbleu !

SUR UN PLAT D'OR

Lorsque l'aimable poète Raoul Lafagette résolut dernièrement de faire entendre ses vers à l'hôtel Continental, il demanda à Victor Hugo une lettre qui l'accréditât auprès de Sarah Bernhardt, alors dans toute sa gloire.

Le grand homme la lui accorda avec sa bonne grâce incomparable. (Cette lettre a été publiée dans les journaux.)

Dès que Raoul Lafagette eut en main ce précieux document, un religieux tressaillement lui secoua tout le corps ; il se creusa la cervelle pendant plusieurs jours afin de savoir de quelle façon il remettrait cette lettre à la triomphante comédienne.

La lui donner de la main à la main, il n'y fallait pas songer.

La lui présenter, un genou en terre, sur le fond de son chapeau-tube, c'était cuistral.

Raoul Lafagette, après avoir considérablement réfléchi, ne trouva qu'un cérémonial digne de cette situation exceptionnelle.

Une lettre de Victor Hugo à Sarah Bernhardt ne pouvait être offerte décemment que sur un plat d'or.

Il s'arrêta à cette idée, et, si coûteuse qu'elle dût être, il se décida à la mettre à exécution.

En conséquence, il se dirigea un matin vers le quai des Orfèvres.

— Monsieur, dit-il à un marchand, je désirerais avoir un plat en or.

— C'est facile, monsieur. Ne vous faut-il rien que le plat? Ne souhaiteriez-vous pas le service tout entier?

— Oh! non, monsieur, répondit Raoul Lafagette en rougissant; je ne suis ni roi ni banquier, je suis poète.

— C'est différent, dit le marchand; alors

je crois que vous pourriez vous accommoder d'un plat en argent.

Raoul Lafagette fit la grimace.

— C'est un métal très mesquin pour l'usage que j'en veux faire.

— J'ignore l'usage que vous en voulez faire, dit le marchand étonné ; mais je peux vous affirmer que l'argent est encore très estimé.

— Estimé, oui ; mais médiocrement seigneurial.

— Détrompez-vous, monsieur, reprit le marchand ; le plat que j'ai à vous proposer est œuvre d'art... guilloché à ravir... Voyez plutôt.

— En effet, dit Raoul Lafagette, très joli !

Et se parlant à lui-même :

— Après tout, c'est sur un plat d'argent que l'on offre les clefs des villes ; je puis offrir sur un plat d'argent la lettre de Victor Hugo. Ce rapprochement est même fort ingénieux; je le ferai remarquer à Sarah Bernhardt.

Puis, comme s'il se croyait en plein drame romantique :

— Ça, juif, combien vends-tu ton plat ?

Il faut croire que le marchand prononça un prix exorbitant, car Raoul Lafagette fit un bond prodigieux.

— Railles-tu, juif ? Plutôt que de te bailler une pareille somme, sais-tu bien que j'aimerais mieux mille fois donner ta gorge pour fourreau à mon poignard ?

— Monsieur, répondit tranquillement le marchand, je ne suis point juif, et la somme que je vous demande est très raisonnable ; je pourrais l'obtenir aisément de deux ou trois amateurs de ma connaissance.

— Mort-Dieu !

Raoul Lafagette ne maugréait de la sorte que pour se ménager une sortie.

Il rentra chez lui violemment désappointé.

Et ce fut sur une simple assiette de porcelaine que la lettre de Victor Hugo fut transmise à Sarah Bernhardt.

ATTESTATIONS

On appelle cela des attestations.

Il y a des courtiers de publicité qui ne sont occupés qu'à en solliciter et à en recueillir.

Et quelle gloire pour eux lorsqu'ils peuvent rapporter à leur *maison* une réunion d'attestations dans le genre de celle-ci :

« *Comté de Durham.*

« Je reconnais que l'emploi quotidien de l'*Ambroisie des Cévennes* m'a complètement guérie des sueurs nocturnes dont j'étais inondée depuis ma jeunesse.

« Duchesse de Devonshire. »

« Monsieur, voilà dix ans que je jouis d'une santé merveilleuse, grâce à l'*Ambroisie des Cévennes*. Veuillez m'en faire adresser quelques douzaines de boîtes, au siège de la Société des gens de lettres.

« EMMANUEL GONZALÈS. »

« J'étais affligé d'une pituite dégoûtante ; ma moelle épinière était furieusement compromise. Je me voyais forcé de vivre dans une retraite profonde, si je ne voulais pas être un objet d'horreur pour mes contemporains. Trois mois de traitement par l'*Ambroisie des Cévennes* m'ont rendu gaillard à ce point que, passant hier par un sentier couvert, j'ai ravi un baiser à une gente pastourelle qui se baissait pour cueillir des fraises. Vive l'*Ambroisie des Cévennes* !

« LE CHEVALIER L. DE BRIN-BAURION.

« *Au château de Malestroit, par Jousselin (Ille-et-Vilaine).* »

« Monsieur, j'ordonne indistinctement à tous mes malades l'*Ambroisie des Cévennes* ; cela m'évite de les envoyer aux eaux, et je les ai toujours sous la main. J'ai traité en un mois seulement, par votre délicieuse panacée, quinze bronchites, huit dyssenteries, deux urtiquaires et un œil de perdrix, déclaré inextirpable par tous les médecins. Vous devriez en établir un dépôt dans le Jardin-Bullier, où j'ai une partie de ma clientèle.

« Docteur ERNEST. »

« Les habitués du café Robert, à Nogent-le-Rotrou, s'empressent de vous transmettre l'expression de leur reconnaissance. Nous sommes cinq ou six qui avons pris l'engagement de ne jouer au bezigue que des boîtes d'*Ambroisie des Cévennes*, au lieu d'argent ou de consommations pernicieuses. Cela rend furieuse la dame de comptoir, mais rien ne saurait nous arrêter dans notre ligue sanitaire.

« Agréez, etc.

« Les habitués du CAFÉ ROBERT. »

Voilà bientôt onze ans que je vis à la campagne avec ma pension de retraite et un coup de sabre à la tempe droite. Dès que ce satané coup de sabre recommence à me faire souffrir, j'avale une boîte de votre machine des Cévennes; si la douleur continue, j'en avale deux ; j'en ai avalé une fois jusqu'à trente. Est-ce que vous ne pourriez pas m'accorder une réduction sur le prix ?

« Général BOURGACHARD. »

SUJETS DE COMÉDIES

Recherche de la paternité.

Un monsieur se présente un matin chez le beau Célimare.

Célimare se préparait à sortir.

— Que me voulez-vous ? demande Célimare à l'étranger.

— Monsieur, répond celui-ci, je vous prie de ne pas vous étonner de la profession que j'exerce : je suis *rechercheur de paternités.*

— Tiens ! tiens !

— M. Célimare...

— Monsieur ?

— Ne ressentez-vous rien depuis quelque temps... dans la région du cœur?

— Rien du tout.

— Quelque chose comme un remords?

— Un remords? non.

— Alors, je m'explique. Monsieur Célimare, je suis envoyé auprès de vous par la demoiselle Zoé-Angélique de la Verdurette.

— Ah bah! cette bonne la Verdurette!... Elle va bien?... Une charmante fille!

— Vous l'avouez?

— Parbleu! si je l'avoue!... Très gaie, à l'heure des écrevisses!

— Alors, qu'est-ce que vous comptez faire pour votre victime?

— Hein?

— La demoiselle Zoé-Angélique de la Verdurette se déclare enceinte de vos œuvres et réclame une indemnité pour son enfant à venir.

Célimare fixe sur le quidam un regard effaré.

Celui-ci continue :

— A moins que vous ne préfériez lui rendre l'honneur en l'épousant.

Mais Célimare s'est remis ; il va parfaire le nœud de sa cravate devant une glace, et revenant au *rechercheur de paternités*, il dit en souriant et en lui posant une main sur l'épaule :

— Fumiste, va !

Puis, comme l'autre veut se rebiffer :

— Attendez, lui dit Célimare, je vais vous donner une liste des amants de Verdurette... Allez les voir, en commençant par le fort de Vincennes. Peut-être réussirez-vous à trouver ce que vous cherchez.

* * *

Le *rechercheur de paternités* juge inutile d'aller aussi loin, et il se contente d'entrer chez un gros commerçant du quartier du Sentier, qui lui a été indiqué par sa cliente.

M. Félicien Hambleteuse, de la maison

Hambleteuse l'aîné, veuve Fritot et Cie, se trouve précisément dans son magasin.

Il devient très rouge en écoutant la revendication de la demoiselle la Verdurette.

Son antienne débitée, l'intermédiaire pose ses conclusions : le mariage ou des dommages-intérêts.

— Pour le mariage, répond M. Félicien Hambleteuse, de la maison Hambleteuse l'aîné, veuve Fritot et Cie, pour le mariage, cela est impossible, puisque je suis marié... Quant aux dommages-intérêts, c'est plutôt moi qui devrais en réclamer à ladite demoiselle, car j'ai été effrontément *levé* par elle au café des Ambassadeurs, ainsi que je peux en fournir la preuve.

— Vous déplacez la question, dit l'envoyé.

— Comment cela ?

— Il s'agit de savoir si vous êtes le père de l'enfant, voilà tout ; la demoiselle Zoé-Angélique de la Verdurette affirme que vous l'êtes.

— Voilà qui est fort... Quelle certitude en a-t-elle ?

— Oh ! le cœur d'une mère ne se trompe pas ! s'écrie sentimentalement l'envoyé.

— Vous croyez cela ? réplique le commerçant ; eh bien, venez par ici...

Et il l'entraîne dans un coin retiré de son magasin, loin de ses commis. Puis il murmure mystérieusement quelques mots à son oreille ; après quoi :

— Eh bien, fait-il.

On n'a jamais su ce que Félicien Hambleteuse avait confié au *rechercheur de paternités*, mais on entendit celui-ci balbutier :

— C'est différent...

Et on le vit sortir, la tête baissée.

***

Suite du précédent chapitre.

Au fort de Vincennes, le *rechercheur de paternités* fait demander le capitaine Lorgnegrut.

— Mon capitaine... dit-il en saluant.

— Dépêchez, sacrebleu! qu'est-ce que vous pouvez me vouloir? je ne vous connais pas, moi!

— C'est vrai, capitaine, mais vous connaissez Mlle Verdurette.

— Verdurette? Qu'est-ce que c'est que cela, sacrebleu! une herbe des champs?... Et qu'est-ce qu'elle fait, votre demoiselle Verdurette-Verduron?

— Hélas! capitaine, elle pleure des larmes bien amères sur votre abandon.

Le capitaine Lorgnegrut, qui allait rouler une cigarette, s'arrête court.

— Qu'est-ce que vous me chantez là, nom de D...! J'ai abandonné Mlle Verdurette!

— Après avoir laissé dans son sein un fruit de votre fatal amour.

— Un fruit? Ah ça! parlez-vous kroumir, sacrebleu! Verdurette! Un fruit! Mon abandon!... Fallait donc apporter un démêloir!

— Cherchez bien, capitaine.

— Que je cherche... où?... nom de D...!

— Dans vos souvenirs.

— Je n'ai pas de souvenirs!

— Cependant Mlle Verdurette est bien certaine...

— Encore Verdurette! Vous f...-vous de moi?... Attendez donc : un petit pruneau... six pouces de jambes... un signe quelque part, large comme une pièce de cinq francs.

— Ah! vos entrailles ont parlé!

— C'est drôle! j'aurais cru qu'elle s'appelait Antoinette.

— Non, Verdurette.

— J'entends bien. Êtes-vous content à présent, sacrebleu!

— Oui, certes, capitaine... et l'infortunée Verdurette sera bien contente aussi.

— De quoi?

— Des bonnes nouvelles que je m'en vais lui rapporter du père de son enfant.

Cette fois, le capitaine Lorgnegrut a compris.

— Ajoutez-y ce post-scriptum ! dit-il en lançant vigoureusement sa botte au derrière de son interlocuteur.

LE BARBIER THOMAS

Et moi aussi j'ai une histoire de jésuite à raconter, mais une histoire absolument inoffensive et tournée vers le sens comique.

Thomas était barbier à Lunéville au temps où le roi Stanislas y tenait sa cour. Voyez comme cela commence bien. Thomas était un barbier obscur, mais dévoré de vanité. Il s'était faufilé au château, et, le hasard aidant, il avait réussi à raser M. de Voltaire, ce qui n'était pas un mince mérite, car il n'existait pas au monde de tête plus mobile que celle de l'auteur de la *Henriade*.

Mais ce succès passager ne suffisait pas à l'ambition du barbier Thomas. Tout homme a sa marotte : la sienne était de raser le père Menou, jésuite et confesseur du roi. Au premier aspect, il semble que ce désir n'eût rien d'exorbitant ; mais au second, c'était réellement une grosse affaire, le père Menou ne laissant pas approcher facilement de son sacré menton.

Thomas ne savait comment s'y prendre pour arriver à son but. Il avait remarqué un petit marmiton de quinze à seize ans, qui lui avait paru être dans les bonnes grâces du jésuite. Il n'y a pas de petits intermédiaires pour les ambitieux. Ce fut par ce marmiton qu'il tenta de faire agréer ses services au père Menou.

— Ah ! Petit Pierre ! lui disait-il quelquefois, si jamais tu m'obtiens la pratique du bon père, je te promets de te raser gratis pendant toute ta vie... lorsque ta barbe aura poussé !

A quelques jours de là, le jeune marmiton devait se souvenir des bonnes dispositions du barbier. Il se présentait dans sa boutique, les traits décomposés, le visage en pleurs.

— Ah! monsieur Thomas, lui disait-il, ayez pitié de moi, je vous en prie! Je suis perdu.

— Qu'y a-t-il donc, mon enfant? Remets-toi et parle. Je suis tout à ton service.

— Monsieur Thomas, le cuisinier en chef, mon patron, m'a donné à échauder un cochon de lait, un cochon qui lui a été demandé par le roi lui-même et qui figure sur l'état du dîner de ce soir...

Le *menu* s'appelait alors l'*état du dîner*.

— Eh bien, mon garçon, dit le barbier, un cochon de lait à échauder, ce n'est pas bien difficile.

— Vous croyez cela, vous, monsieur Thomas, et c'est ce qui vous trompe... J'ai laissé par mégarde tomber mon cochon dans l'eau bouillante, où il s'est tellement crispé que je n'en puis plus détacher un seul poil.

— Diable !

— Si vous ne venez à mon aide, je suis perdu... chassé !

— Et qu'est-ce que je puis faire pour toi dans ce cas, mon garçon ? demanda le barbier avec étonnement.

— Eh bien, monsieur Thomas, il faudrait me le raser.

— Raser un cochon ? tu n'y penses pas ! Déshonorer mon instrument !

— Ecoutez... si vous voulez bien consentir à raser le cochon, je m'engage à vous faire raser le jésuite.

— Le père Menou ?

— Je vous le promets.

— Hé ! hé ! est-ce bien sûr ? Ne te vantes-tu pas ?

— Quand je vous le dis !

Le barbier Thomas regarda bien entre les deux yeux Petit Pierre et, confiant dans son assurance :

— Allons, conduis-moi à ta cuisine.

Le cochon fut apporté. On s'enferma, car le barbier craignait le ridicule. Ce fut un travail assez malaisé. Il fallut savonner le cochon à plusieurs reprises. Enfin, Thomas s'en tira à son honneur.

Petit Pierre ne se possédait pas de joie.

— A présent, dit le barbier, il s'agit de tenir ta parole.

— Soyez tranquille ; vous n'avez qu'à vous présenter demain matin, à neuf heures, chez le père Menou, avec votre trousse.

Il fallait, en effet, que le crédit du petit drôle fût bien puissant, puisque le lendemain le barbier fut admis sans difficulté auprès du père Menou. Il eut l'honneur de travailler sur cette peau fameuse comme il avait travaillé sur celle du goret. Sa main tremblait, mais c'était de plaisir.

Cependant le jésuite remuait le nez et semblait humer l'air par intervalles.

— Qu'avez-vous, mon père? lui demanda le barbier.

— Votre rasoir?...

— Eh bien, mon rasoir...

— On dirait qu'il a de l'odeur.

Le barbier pâlit et redoubla de dextérité. On fut tellement content de lui qu'on lui dit de revenir. Malgré cela, son triomphe ne fut pas de longue durée. Un ennemi du petit marmiton, à qui celui-ci avait eu l'imprudence de se confier, divulgua l'aventure, qui divertit toute la cour et qui arriva même jusqu'aux oreilles du bon roi Stanislas, égayé.

Le jésuite, furieux, fit consigner à sa porte le barbier Thomas et renvoya Petit Pierre des cuisines du château.

Cela se passait en 1761.

Je suis prêt, pour peu qu'on l'exige, à fournir toutes les preuves de l'authenticité de cette historiette.

AUTOGRAPHES

Ce matin, j'ai pris au hasard une poignée de lettres dans un des tiroirs de ma commode. La commode est un meuble qui tend à disparaître ; — voilà pourquoi j'ai une commode.

Depuis un temps immémorial, je jette pêle-mêle dans ce meuble démodé toutes les lettres qui m'arrivent, — pourvu qu'elles soient signées d'un nom connu.

Veux-je voyager dans le passé, rêver, me souvenir ? Je fais comme aujourd'hui...

* *
*

Lecteur, examinons ensemble mon butin ; et, si vous y trouvez un moment de distraction, nous pourrons recommencer, — un jour ou l'autre.

La première lettre que je décachette est

d'Emile de Girardin. Écriture fine, penchée, rapide, tout à fait mignonne, presque féminine. Elle porte la date de 1852, ce qui explique l'allusion politique qu'on y trouvera.

Le *Chevalier de la Morlière* intéresse peu ; je v. le renvoie donc ; il ne sera resté guère moins de temps dans mon tiroir qu'un innocent enfermé dans une des cellules de Mazas.

Envoyez-moi, si vous le voulez, encore un article sur l'album de la Société des gens de lettres.

Cordialités,

E. DE GIRARDIN.

On aura remarqué que le célèbre publiciste ne se donne pas la peine d'écrire *vous* en toutes lettres ; il se contente d'un v.

Le temps est de l'argent.

*
* *

Encore une remarque à propos d'un *vous*.

Mais ici l'amitié seule est en jeu. Il s'agit d'un scrupule éveillé dans l'âme du bon Jules de Prémaray, à la suite d'un entretien littéraire où nous nous étions *emballés* l'un et l'autre.

Mon cher ami,

J'étais comme toi rempli de trouble, mais j'ignorais lequel de nous deux avait le premier lancé son *vous* aigre. La faute en est au diable qui se mêlait de la question littéraire et la rendait brûlante. Donc, à l'avenir, notre *tu* sera immortel, car il nous survivra dans nos œuvres : *Correspondance de Charles Monselet et Jules de Prémaray ;* 4 volumes in-8°, Amsterdam, 1897.

Et là-dessus, mille vœux de tout cœur.

JULES DE PRÉMARAY.

1897 !

C'est en 1868 que Prémaray s'est éteint. Depuis dix ans, il se traînait de maison de santé en maison de santé, tantôt à Bellevue et tantôt à Neuilly, chez le docteur Fleury et chez le docteur Duval. Il a fini à la maison Dubois.

C'était une nature affectueuse, mais impressionnable jusqu'à l'irritabilité.

Au physique, un petit homme, très brun, très myope, et toujours armé d'un pince-nez.

* * *

La même année 1868 a vu aussi mourir Charles Bataille, dont je retrouve ce petit billet :

Saint-Germain. — Mardi.

Mon cher Monselet,

Je te serai tout à fait obligé d'être agréable dans ton feuilleton à M. Alph. de Launay, auteur d'*Une Épreuve avant la lettre* (Odéon). Ç'a été un succès, du reste.

Mille choses affectueuses,

CH. BATAILLE.

Charles Bataille s'était fait connaître comme journaliste et comme romancier ; il a mis un peu partout son nom et l'empreinte d'un vif esprit, ardent jusqu'à la passion. Mais ce qu'il y avait surtout en lui, c'était l'étoffe d'un poète. Il avait commencé à vingt ans par un volume intitulé : *Des vers*. Ce que je relève de plus singulier dans ce volume, c'est ce refrain — horriblement prophétique — d'une assez médiocre chanson :

> Joyeux enfants de la Bohême,
> Rions du sort et de ses coups !
> La société, qui nous aime,
> Nous garde, pour l'heure suprême,
> Quand même,
> A tous,
> Un lit à l'hôpital des fous !

L'hôpital des fous ! Il y est allé, en effet, à cette *heure suprême* dont il parlait alors avec tant d'insouciance. Mais avant d'arriver à ce triste but, quels voyages n'a-t-il pas accomplis à travers les cercles infernaux de la littérature !

* * *

La lettre suivante de Champfleury, datée de 1853, est mieux qu'une lettre ; — c'est presque un article, familier, mais exact et portant juste.

Mon cher Monselet,

Votre *Rétif de la Bretonne* est un livre que j'ai dévoré d'un coup et qui m'a donné une fièvre de courage héroïque. Cette biographie peut pousser à de grandes choses ; le ton en est excellent, et je vous trouve déjà dégagé de l'*esprité* de vos premières publications.

Entre autres petites querelles, j'aurais voulu vous voir analyser et consacrer un chapitre à ses réformes. Cela est important à ajouter à une seconde édition. Je n'ai pas le temps de revoir mes notes et je ne sais où elles sont, mais rien que ses idées d'*ortografe*, etc., sont amusantes à exposer, — mais pas trop longuement.

La biographie est bien faite, utile et précieuse.

J'ai encore à vous signaler qu'il eût été peut-être curieux de montrer la critique contemporaine, la grande, vis-à-vis des livres de Rétif. Grimm l'a pas mal attaqué, et Grimm c'est Diderot ou son influence. En regard de Grimm, vous pouviez mettre au contraire les admirations de Lavater ; mais je sens qu'il faudrait un nouveau volume. Et comme celui-ci réussira, je vous engage à le doubler.

Merci, mon cher Monselet, de ce bel exemplaire en hollande, que je tâcherai de faire habiller du manteau qu'il mérite.

Tout à vous,
CHAMPFLEURY.

Deux *invitations* dans le style gai et même abandonné. Toutes les deux sont de la période jeune, brillante, heureuse. L'une est d'un aimable comédien, mon camarade d'enfance ; la voici :

Cher Monselet,

Tu n'ignores pas que lundi, à dix heures, je donne une soirée vénitienne, rue Basse-du-Vieux-Rempart, 14. Je compte sur toi pour faire disparaître tout le champagne qui apparaîtra.

A toi ou *tibi*.
H. LAFONTAINE.

En ce temps-là, Lafontaine était garçon ; aujourd'hui, il est marié. Il a dû renoncer aux *fêtes vénitiennes*, mais sa gaîté et son esprit sont restés les mêmes.

La seconde invitation est du pauvre et cher Asselineau. Il a eu ses heures enjouées comme les autres. Les lignes suivantes en témoigneront :

Vendredi prochain, 18 février, grand tralala à la maison. Danses, gâteaux, rafraîchissements. Alcools dans mon appartement. Présence de MM. de Banville et Philoxène Boyer.
Tu es attendu, espéré, aspiré.

Ch. Asselineau.

Il ne faudrait pas s'y tromper cependant : il s'agissait d'une fête de famille. Asselineau demeurait avec sa sœur et son beau-frère ; ses habitudes et ses plaisirs ne s'écartaient guère de leur cercle.

*
* *

Autre comédien.

Celui-ci est le grand Jenneval.

Son écriture a des gestes, son style fait les grands bras.

Cher bon,

Vous avez dit un mot aimable sur Clarisse et sur moi, à propos des *Massacres de Syrie*... et je vous en remercie !

Au milieu des frélons qui empoisonnent ce siècle, on est heureux d'entendre le bourdonnement d'une abeille. — J'ai entendu ton bourdon, ô poète !... Cela suffit à ma joie et me console des petites piqûres en question.

Avec mes désirs de vous voir, recevez l'assurance de notre estime et de notre amitié.

JENNEVAL.

*
* *

Puisque nous sommes dans l'art dramatique, restons-y.

Voici du Labiche :

8 mars 1868.

Mon cher ami,

Pouvez-vous venir causer une heure avec moi samedi prochain, à midi ? Si je ne reçois pas de réponse, je vous attendrai.

Votre titre est joli... mais gaillard. Nous n'en parlerons à personne, nous l'enfouirons.

Tout à vous,

EUGÈNE LABICHE.

Faire une pièce avec Labiche!

Cela a été longtemps un de mes rêves.

Il en a été de ce rêve comme de beaucoup d'autres.

* * *

Aux derniers les bons.

Ceci est un quatrain de Victor Hugo.

Encore une invitation, — c'est-à-dire une série d'invitations!

J'en suis honteux, vraiment.

Que chez nous désormais chaque jeudi t'amène;
Et je m'adresse à Dieu lui-même, et je lui dis ;
    Fais-nous la semaine.
    Des quatre jeudis!
Victor Hugo.

Les petits vers du grand poète sont rares, et je suis singulièrement flatté de lui avoir inspiré ceux-là.

SAUVETAGE ET SAUVETEURS

On parle beaucoup en ce moment de sauvetage et de sauveteurs.

J'en parlerai à mon tour d'autant plus volontiers que je suis, moi aussi, un sauveteur.

Je date même de l'origine.

C'est Alexandre Dumas père qui, lors d'un assez long séjour au Havre, où il était adoré et choyé, me fit nommer membre de la Société des sauveteurs. L'envoi de ce brevet ne laissa pas que de m'étonner, car je n'y avais aucun titre. Je connaissais Durécu, l'homme aux trente-deux médailles, et voilà tout. Je m'étais promené deux ou trois fois en canot avec Louis Gaudibert, un des plus charmants armateurs de Grasville, mais là se bornaient mes exploits nautiques. Je n'avais jamais eu jusqu'alors l'occasion d'arracher à la mort un de mes semblables.

Je n'en demeurai pas moins fort reconnaissant à Alexandre Dumas, qui sans doute en avait fait plus que moi, et dès ce jour je considérai mon acceptation comme un engagement à me tenir prêt à tout acte d'héroïsme qui viendrait me tenter. Il s'agissait désormais de ne pas perdre de vue que j'étais sauveteur. Je n'avais plus le droit d'errer en oisif au bord de la mer ou même d'une simple rivière; je me devais à moi-même et à mon brevet de ne contempler baigneurs et baigneuses qu'avec inquiétude.

Mon devoir était d'être prêt à tout événement et d'ôter ma veste au premier signal d'alarme. Certes, je ne pouvais pas espérer pour mes débuts d'être aussi favorisé qu'Alphonse Karr, qui avait eu la chance de sauver un cuirassier, comme en témoigne ce passage d'un de ses romans, *Fa Dièze* :

« Nous avons eu souvent le bonheur de

prévenir des accidents funestes, et nous portons sur la poitrine une médaille en argent, avec cette inscription :

A
KARR
(Alphonse)
Pour avoir sauvé
Au péril de sa vie
Un cuirassier du 2me régiment
Qui se noyait.
CHALONS
(Marne)
2*5 juillet* 1829

—

Décernée en
1883

Un cuirassier, à quelque régiment qu'il appartienne, est un trop pesant fardeau pour mes biceps. Je ne pourrais aspirer tout au plus qu'à soulever dans mes bras une frêle miss de seize à dix-sept ans, et c'est encore quelque chose.

Je me souviens pourtant qu'à Fécamp j'ai failli gagner mes éperons de sauveteur (l'image n'est peut-être pas celle qui conviendrait). Descendu sur la plage et assistant aux jeux de quelques tritons élégants, je crus m'apercevoir que M. du Locle, alors directeur de l'Opéra-Comique, obéissait à une natation plus que fantaisiste et semblait sur le point d'ingurgiter un volume d'eau salée exorbitant pour ses poumons.

J'étais, moi aussi, en costume de bain. Me précipiter en pataugeant à travers la plaine liquide et me diriger vers lui fut pour moi l'affaire de quelques secondes. M. du Locle s'était remis sur le dos, et battait l'eau de ses mains. Croyant qu'il barbotait, je le saisis par un pied.

— Voulez-vous me lâcher! me cria-t-il.

— Laissez-vous faire, lui dis-je en crachant l'eau et cherchant mes yeux.

— Mais vous voyez bien que je fais la planche!

Pour cette fois, ce fut M. du Locle qui me ramena à terre.

J'avais manqué mon coup.

* * *

Mais je ne désespère pas d'être tôt ou tard mieux qu'un sauveteur honoraire.

A défaut d'une créature humaine, je me contenterais d'un animal. Par exemple, mon ambition serait de sauver un terre-neuve. Il y a trop longtemps que ces gros toutous prennent avec l'homme des airs de protectorat. Je me vois quelquefois, dans mes rêves, la clochette au cou, ramenant à l'hospice du Saint-Bernard un chien que j'aurais trouvé évanoui dans la neige.

Donc, je suis sauveteur et, qui plus est Breton, mais je ne suis pas *hospitalier*. J'appartiens à une autre branche du même arbre.

Aussi bien, ce n'est pas sans un certain sentiment de tristesse que je vois mes compatriotes, les enfants de *la terre de granit recouverte de chênes*, s'aventurer dans Paris pour y exhiber leurs costumes locaux et y exécuter leurs sarabandes, avec accompagnement de binious.

Eh bien, mes gars, qu'est donc devenue votre dignité farouche d'autrefois, qui vous faisait regarder le reste de la France comme l'étranger ? Honteux et sournois, rien n'aurait pu, il y a cinquante ans environ, vous arracher de vos landes et de vos forêts. Le genêt aux fleurs d'or vous tenait lieu de tout.

Aujourd'hui, Yves, Loïc, Pornic, Kérouan, vous voilà descendus sur nos boulevards ; vous ne venez pas seulement nous voir, vous venez vous faire voir, et pour de l'argent. — Qu'est-ce que dirait Brizeux ? Vous allez traverser la rue de Rivoli avec vos larges braies, vos gilets historiés et vos longs cheveux ; vous allez danser dans les théâtres et souper à l'hôtel Continental. L'*Estudiantina* vous a donné l'exemple.

C'est la fin de tout. Il est vrai que c'est le commencement d'autre chose. C'est la civilisation, l'union, l'association, la spéculation.

Il est temps que la poésie rende et que le pittoresque rapporte. Jusqu'à présent, la Bretagne n'avait profité qu'aux faiseurs de romances et à une douzaine de peintres. La voilà englobée dans le mouvement.

LE SÉMILLANT LEMONTEY

L'académicien sémillant est une espèce qui tend à disparaître. On le regrettera.

Un des derniers a été Lemontey (?), qui florissait vers les premières années de ce siècle.

Le principal titre du sémillant Lemontey au fauteuil qu'il occupait à l'Académie française était un ouvrage intitulé : *Raison, Folie, chacun son mot,* — aimable badinage qui méritait de survivre à son auteur.

On y trouve, entre autres choses sémillantes un *Éloge des genoux*, — fort galamment troussé, c'est le cas de le dire.

Le début est une description du mécanisme compliqué du genou, description où l'élégance des expressions s'enrichit des difficultés vaincues. L'auteur, passant ensuite à la dignité de cette partie du corps humain, y trouve établis les deux plus anciens cultes du monde : ceux de l'amour et de la pitié. Il voit, en effet, dans les genoux, l'autel menacé où supplie l'amour entreprenant — et l'autel miséricordieux où la prière en larmes vient fléchir les passions farouches. Si Priam ne les eût embrassés, Hector fût resté sans sépulture.

S'attachant particulièrement aux genoux de la femme, Lemontey en signale les ligaments souples, l'enveloppe polie et les séduisantes fossettes. Il distingue le genou tourné en dehors de celui qui est tourné en dedans, — et, naturellement, il donne la préférence à ce dernier, dans lequel il admire, dit-il, je ne sais quelle expression de modestie, de timidité fine, de mystère.

Mon académicien, considérant ensuite les deux genoux de la femme sous le rapport de leur fraternité, applique à ces jumeaux cette belle maxime politique que tant qu'ils resteront unis ils seront invincibles...

Mais si je m'arrêtais ?

SARCEY

C'est une figure, ce Sarcey. A l'une de ses conférences, — à la Porte-Saint-Martin, si j'ai bonne mémoire, — je l'ai vu s'interrompre tout à coup et s'écrier :

— Quelqu'un de vous, messieurs, a-t-il une montre ?...

Je me rappelai aussitôt les escamoteurs d'autrefois, les escamoteurs classiques.

Sarcey continua avec la désinvolture dont il a le secret:

— Voilà ce que c'est, messieurs, j'ai oublié la mienne chez moi... On ne pense pas à tout... Moi, particulièrement, je suis très distrait... Oh! mais c'est étonnant!... Meilhac me disait, il y a quelque temps, que cela finirait par me jouer un mauvais tour... Quel tour? je vous le demande, quel tour?... Ah! vous, monsieur, vous avez une montre... Merci... Excusez-moi de ne pas vous avoir aperçu plus tôt. (*Il dirige ses jumelles sur le monsieur.*) Eh bien, monsieur, voulez-vous mettre le comble à votre complaisance en me disant l'heure qu'il est... Hein? S'il vous plaît?... Plus haut, je vous prie... Trois heures et demie... C'est drôle, je croyais qu'il était bien plus tard... Comme le temps passe en causant de nos grands auteurs du dix-septième siècle!... Ah! le dix-septième siècle il n'y a que cela! Je le disais hier à Dumas, qui ne veut pas le comprendre... Le dix-septième siècle, avec un peu du dix-huitième siècle.

Puis, il se leva en manquant de se flanquer par terre, toujours par suite de sa mauvaise vue.

— Messieurs, la conférence est close pour aujourd'hui... nous la reprendrons dimanche prochain. Espérons qu'il fera un moins vilain temps..., car je crains bien de m'être enrhumé... Je ne comprends pas que les acteurs puissent résister au vent qui vient de ces coulisses... Cela me rappelle une des salles de notre Ecole normale... Messieurs, au revoir!

Il sortit. On le rappela; il revint une première fois, — puis une seconde... pour reprendre ses jumelles, qu'il avait oubliées.

IGNOTUS

M. Ignotus (de son nom Félix Platel, qu'il n'a jamais caché d'ailleurs) est avant tout un lettré, un érudit. Je l'ai connu sous-bibliothécaire à la Mazarine, homme aimable, curieux de toutes choses, au point d'avoir lâché les livres pour s'en aller courir l'Italie, d'où il a rapporté plus d'un souvenir intéressant, consigné dans un ouvrage intitulé : *Causeries franco-italiennes*, peu commun aujourd'hui (Paris, Alphonse Taride, 1858).

En ce temps-là, M. Félix Platel, déjà épris du demi-incognito (pourquoi ?), signait du pseudonyme d'Etienne Pall, dans les journaux litttéraires, des articles brillants, fringants et toujours d'un ton honnête. Plus tard, l'âge et les circonstances aidant, le ton est devenu quelquefois acerbe, — la *théorie des milieux!* dirait Taine.

« Je ne serai jamais biographe, » écrivait alors M. Platel; ce qui ne l'empêchait pas, en chemin, de tracer de jolis petits croquis de tous les gens qu'il rencontrait, hommes et femmes, artistes et grandes dames, militaires et prélats, Ponsard, Rattazzi, le maréchal Pélissier, Mazzini, Brofferio, Antonelli, etc., etc.

Il ne dédaignait pas non plus de ramasser l'anecdote courante. « Je reconnais, à Aix, la grande allée d'arbres où Mme de B... tomba d'un âne, et rougit si fort parce qu'on avait vu son épaule. On est très fière de montrer deux épaules et plus en plein bal, et l'on a honte d'en montrer les deux huitièmes le soir, sur la grande route, parce que l'on tombe du haut d'un âne... Pour deux francs cinquante centimes, je vais voir aux Italiens les épaules de la duchesse X... Cela me coûterait plus de voir celles d'une paysanne savoisienne. »

Une autre fois, c'est un trait du plus mal embouché de nos généraux d'alors. Un abbé demandait à être introduit auprès de lui.

« Qu'il aille au diable ! » s'écrie le général, qui avait passé la nuit à travailler.

L'abbé insiste. Enfin, on le fait entrer.

« Que venez-vous f..... ici ? » lui dit le soldat.

L'abbé avait de l'esprit ; il ne se déconcerte pas et répond froidement :

« Général, je viens vous f... une lettre, que le général B..... m'a f..... pour que je vous la f...., afin que je f... mon camp.

— Eh bien, vous m'allez, dit le général en riant ; f.....-vous-là, nous allons déjeuner ensemble. »

*
* *

A Turin, M. Félix Platel aperçoit sur un balcon un homme en robe de chambre rouge et en pantoufles jaunes, qui fumait un cigare. On lui dit : C'est le comte de Cavour. Notre Français tire immédiatement son carnet et écrit sur son genou, comme Figaro : « Cavour était là, regardant son peuple, et le peuple le regardait dans la personne d'un gamin piémontais assis sur une borne. »

M. Platel est toujours resté un peu l'homme de ces esquisses sur le genou. Aujourd'hui qu'il est devenu Ignotus, à quinze ans de distance je retrouve dans le portraitiste d'aujourd'hui le faire de l'auteur des *Causeries franco-italiennes*. Il a publié un grand nombre d'études, qu'il a réunies en un gros volume, où il y a beaucoup de ces indications à la façon du balcon de Turin.

Comme autrefois, Ignotus se contente de peu. Il a vu Henri Monnier traversant le jardin du Luxembourg, et cela lui suffit pour établir sa notice. Il a approché, sans lui parler, le duc d'Aumale, à l'inauguration d'un monument funèbre, à Bagneux ou à Châtillon, et vite il compose une physionomie du duc d'Aumale. Il rencontre un matin le prince Napoléon assis sur un banc du parc Monceau. « Il fumait une cigarette, son bras droit était appuyé tout de son long sur le dos de ce banc. Quelqu'un parut au coin de l'allée et vint à lui. Le prince *lui tira la langue en riant*, et se leva. »

Ignotus vit de ces touches, de ces indications. Notez que je ne lui en fais pas un reproche. C'est le procédé de Sterne appliqué à l'histoire.

AU BAS DE L'ESCALIER

La race des médecins bourrus tient à s'effacer. Mais j'en ai beaucoup connu de ceux-là.

Un d'eux, le docteur D..., très bienfaisant

d'ailleurs, mais obèse, ne pouvait se décider à monter chez ses clients. Il s'arrêtait au bas de l'escalier et, de là, les faisait prévenir.

— Holà ! criait-il à la femme de chambre qui accourait sur le palier ; comment va notre malade ?

— Pas très bien, monsieur le docteur ; il garde toujours le lit.

— Diable ! Dites-lui de faire un effort et de venir jusque sur le palier.

— Oui, monsieur le docteur.

Quelquefois le malade obéissait et arrivait en robe de chambre :

— Eh bien, mon ami, il y a du mieux, n'est-ce pas ?

— .....

— Hein ? quoi ? je ne vous entends pas.

— ... Hélas !

— Parlez plus haut. Beaucoup de mieux n'est-il pas vrai ?

— ... Non, non.

— Penchez-vous sur la rampe. Montrez-moi votre langue !

Et le docteur prenait une lorgnette de poche pour examiner la langue qu'on lui tirait du deuxième ou même du troisième étage.

— Tirez ! tirez encore ! criait-il, je ne vois rien.

— .....

— Tirez donc !

— ... Peux pas davantage.

— Eh ! mais, elle est très bien, cette langue... les pâleurs ont cessé... Il y a une amélioration sensible. Bonsoir, mon ami. Allez vous recoucher. Je reviendrai demain.

— ..... ?

— Qu'est-ce que vous dites ?

— ..... Faut faire ?

— Ce qu'il faut faire ? Continuez la tisane. Bonsoir.

Mais d'autres fois le malade ne pouvait pas quitter le lit ; il était en proie à la fièvre ; on en avertissait le docteur, toujours au bas de l'escalier.

— Il a raison, s'écriait celui-ci ; il ne faut pas qu'il s'expose à un refroidissement. Tenez-le bien chaudement. Comment va son pouls ?

— Il bat horriblement fort.

— C'est singulier ! A-t-il bien passé la nuit, au moins ?

— Au contraire, il n'a pas fermé l'œil un instant.

— Vous m'étonnez !

— Que prescrivez-vous, docteur ?

— Je rentre chez moi ; je vais vous envoyer une ordonnance.

Le plus curieux, c'est que le docteur D... a guéri beaucoup de ses malades.

LE MUSÉE GRÉVIN

Il avait fait une journée d'une chaleur accablante ; c'était du feu qui remplissait l'atmosphère. Au lendemain de cette journée exceptionnelle, le gardien du musée Grévin, faisant l'ouverture des salles, poussa de grands cris terrifiés. On accourut à sa voix.

— Qu'y a-t-il ? lui demanda-t-on.

Suffoqué, il ne put répondre qu'au bout de deux ou trois secondes :

— Fondues ! fondues !

— Fondues... quoi ?

— Les figures... les figures de cire !

— Est-ce possible ? s'écrièrent le concierge et ses petits.

— Voyez plutôt.

Et, en effet, les groupes du musée offraient le plus désastreux spectacle. L'excessive chaleur les avait presque tous liquéfiés. La tête de Gounod pendait humide sur son piano ; Massenet avait perdu son attitude d'auditeur réfléchi et, courbé, semblait en proie à une forte colique. Albert Wolff avait glissé de son fauteuil, — méconnaissable au point de n'être plus reconnu même de M. Toudouze. Vibert, occupé au portrait de Detaille, dessinait maintenant avec son nez. Un abonné du *Journal des Débats* aurait reculé épouvanté devant les ravages répandus sur les traits de J.-J. Weiss. Mais le plus cruellement maltraité était Francisque Sarcey, étendu comme Hippolyte de Racine, *sans forme et sans couleur.*

Quelle marmelade, mes enfants !

Le toupet d'Henri Rochefort fusionnait avec sa cravate. Ludovic Halévy, si correct habituellement semblait confier au gilet d'Alphonse Daudet les secrets d'une digestion laborieuse. Daubray luttait encore, mais il n'était plus *immense*. Le prince Jérôme Napoléon avait complètement cessé de ressembler à son père et à son oncle. De Victor Hugo il ne restait plus que sa couronne de laurier; le reste avait coulé dans son pantalon.

⁂

Le premier soin du gardien avait été de courir tout d'abord au Président de la République, si majestueux avec son grand cordon rouge en écharpe; il était arrivé tout juste pour le recevoir, défaillant, dans ses bras.

Garibaldi était ployé en deux. Près de là, sous une tente où, la veille, ils causaient amicalement, penchés sur une carte d'Europe, M. de Bismarck avait laissé échapper sa longue pipe, et le comte de Moltke semblait se moucher dans la carte.

Dans un autre cabinet, M. de Lesseps tenait une de ses petites filles sur ses genoux et lui donnait une leçon de géographie sur un globe terrestre. La petite fille avait roulé sur le sol, et la sphère avait fondu comme un simple fromage de Hollande.

C'était chose pénible à voir, la Chambre des députés. M. Henri Brisson s'était effondré sur sa sonnette. A la tribune, M. Clémenceau arborait des tons fraise et pistache. L'évêque Freppel déteignait en violet sur M. Paul de Cassagnac qui, mal retenu et prêt à franchir les degrés, s'affaissait à demi, comme s'il allait demander grâce, ce qui n'est pas dans ses habitudes. De l'autre côté, le côté de la Gauche, Tony Révillon se renversait sur Lockroy, mal préparé au choc. Les favoris de Jules Ferry se décollaient visiblement, comme des nageoires mal soudées.

Seul, M. Naquet, trapu, offrait à la résistance un tronc noueux, pendant que M. Floquet avait cessé, mais tout à fait cessé de porter beau.

Les femmes n'avaient pas été plus épargnées que les hommes. Il n'y avait plus rien sous les jupons de gaze de Rosita Mauri ; il y avait moins que rien sous la toque de Sarah Bernhardt.

Lamento du gardien :

— Je me doutais bien de quelque chose... Je m'étais aperçu, la veille, d'un commencement de décomposition chez plusieurs de mes pensionnaires. M. Dumas fils tournait au vert, et Arabi-Pacha n'était pas dans son assiette ordinaire... Mais je n'y avais pas fait grande attention ; je me proposais d'en toucher un mot ce matin à M. Ludovic Durand, pour qu'il y apportât quelque remède... Qui se serait douté que le mal agirait si rapidement ?... Fondus ! fondus !... Ah ! j'aurais dû avoir de la méfiance !

Et il ajouta, en cueillant un œil de verre sur le plancher :

— C'est l'œil de Mᵉ Lachaud... Pauvre Mᵉ Lachaud! Qu'est-il devenu ? Je n'en vois plus aucun vestige... Il se sera noyé dans les flots de son éloquence.

Et la douleur de ce gardien était sincère.

— Qu'est-ce que cela! dit-il. Ah! ce sont les fils de fer qui maintenaient les moustaches de M. Pierre Véron... Hélas! M. Grévin lui-même n'a pas échappé à la catastrophe... j'ai ramassé son béret à gland... Mais je ne suis pas inquiet de lui; il se reconstruira quand il voudra.

Tout à coup, le gardien se donna une grande tape sur le front.

— Et le tsar ? s'écria-t-il, qu'est devenu le tsar ? Allons voir où il en est de son couronnement.

Le tsar n'avait pas trop souffert, si ce n'est que sa couronne avait glissé jusqu'au cou. La tsarine pleurait toutes les larmes de son corps Quant à notre représentant, le général Pittié, il était descendu dans ses bottes comme on descend à la cave.

— Allons, dit le gardien, le mal est réparable.

On s'était précipité sur ses pas; on continua à la suivre.

Il se heurta à un corps qui barrait le passage. Il se baissa; c'était le cadavre de M. Antonin Proust.

— C'était un de nos mieux imités ! soupira le gardien en le rangeant pieusement contre le mur.

*
* *

On s'était rendu au cachot de Louise Michel. La grande citoyenne, les cheveux épars, avait piqué une tête sur son manuscrit du *Coq rouge*.

On avait heureusement enlevé, quelques jours auparavant, le foyer tout entier de la Comédie Française. Sans cela, en quel état eût-on retrouvé les frères Coquelin, M. Got,

M. Febvre et M. Mounet-Sully? Peut-être eût-on recueilli, à force de recherches, le râtelier de Mme Samary et la croix d'honneur en diamants de M. Delaunay.

Les signataires du traité du Bardo : le bey, M. Roustan, le général Elias, Mustapha, etc., avaient fondu plus que d'autres. M. Cunéo d'Ornano n'y aurait vu qu'une pâtée.

Pâtée aussi, la chambre des horreurs! Assassins et victimes étaient confondus dans une touchante promiscuité. Les juges embrassaient les gendarmes, qui étaient tombés sur les avocats. M. Macé était encore debout, mais il aurait eu bien besoin d'une escouade de la sûreté pour se soutenir.

L'abbé Crozes, miraculeusement conservé, confessait un pantalon chancelant, et, sur la place de la Roquette, l'exécuteur des hautes œuvres, M. Deibler, n'avait plus à guillotiner qu'un affreux paquet de guenilles.

— Peuh! dit le gardien avec une moue dédaigneuse, il ne faut pas trop regretter cette partie du musée; des gens si mal mis !... Mais tant d'autres! ceux qui avaient fourni eux-mêmes leurs plus beaux habits... qu'est-ce qu'ils diront en apprenant ce sinistre?

Plusieurs jours se sont passés depuis cet événement, qui a été tenu secret au public. Aujourd'hui, les dégâts sont réparés.

AVANT LE SALON

Il se fait en ce moment un furieux travail de pinceaux et de brosses. Ce sont les peintres qui se hâtent pour livrer leurs œuvres le 28 mars, terme de rigueur. Ils suent, ils halètent, ils en perdent le boire et le manger. Quelques-uns imitent Girodet-Trioson, qui travaillait la nuit, coiffé d'un chapeau couronné de petites bougies.

Hier, je suis entré chez l'un d'eux; il a failli me jeter à la porte de son atelier.

— Tu vas t'en aller! m'a-t-il hurlé: hors d'ici, misérable! Tu ne sais donc pas que chaque minute que tu me ferais perdre équivaut à une pincée d'or!

— Très bien! lui ai-je dit; je vais t'attendre au café d'Athènes.

— Au café, moi! Tu railles, malheureux! Va-t'en ou je ne réponds pas de ma colère!

— Je vais faire tirer deux bocks... haute pression... Je te donne dix minutes.

Cinq minutes après, mon peintre me rejoignait au café d'Athènes.

Tous les artistes ne poussent pas l'exaspération à ce degré-là.

Un autre, au seuil duquel, instruit par l'expérience, je heurtais discrètement, m'a répondu d'un son de voix mélancolique :

— Entrez...

Je l'ai trouvé assis, immobile devant son

tableau inachevé, tenant un de ses genoux à deux mains.

— Eh bien ? lui ai-je demandé.

— Ça ne vient pas, m'a-t-il dit en hochant la tête.

— Mais cela m'a l'air très joli, pourtant.

— Vous croyez ?

— Cette feuillée est pleine de lumière... ce ruisseau coule gaiement entre ces herbes et ces jolis cailloux blancs.

— Heu !... ce n'est pas ça... non... je le sens bien.

— Qu'est-ce que vous rêvez donc ?

— Autre chose... des libellules... des fils de la Vierge... je ne sais pas... le frais du matin... un enchantement général.

Et il ajouta :

— J'ai envie d'envoyer prier Sarah Bernhardt de venir me terminer ce morceau du second plan.

Troisième peintre.

Chez celui-ci, une toile parfaitement immaculée. Pas un trait de fusain, rien.

Le peintre, étendu sur un divan, fumant une pipe.

— Ma quatorzième depuis ce matin ! m'a-t-il dit en m'accueillant avec un sourire placide.

— Voilà où vous en êtes de votre tableau du Salon ?

— Oui, mon cher.

— Vous n'arriverez jamais à temps.

— Si.

— Permettez-moi d'en douter.

— Vous ne me connaissez pas... je suis l'homme du dernier moment.

— Mais le dernier moment a ses limites, et nous y touchons.

— Patience ! Vous allez me voir tout à coup sauter à bas de mon divan, empoigner ma palette... Le dernier moment... ma théorie ! la seule vraie, la seule bonne... L'inspiration me saisit par les cheveux, m'enlève à six pieds au-dessus du sol. Ça y est alors ! Je couvre ma toile avec fureur... comme cela, et comme cela... Toutes mes idées m'arrivent à la fois... Elles savaient que je les attendais. je n'ai plus qu'à les classer... Le dernier moment ! il n'y a que cela... Est-ce qu'on peut travailler autrement ? Croyez-vous que je vais m'amuser à gratter, à recommencer, à repasser ?... Allons donc ! J'ai porté mon tableau dans ma tête pendant six mois, il faut qu'il sorte en six heures... Mes effets, v'lan ! Mes valeurs, pif !... Une journée de fièvre, et tout est enlevé... De la pâte, et encore de la pâte... Les tons fins, ça s'ajoute sur le dos du commissionnaire quand il emporte la toile au Salon !

*
* *

— Venez donc voir ma toile avant que je l'envoie au Salon, m'avait dit le peintre Tanneguy.

— Vous y tenez ?

— Beaucoup. Au Salon, elle ne sera peut-être pas placée à mon gré, tandis que dans mon atelier vous la verrez sous son vrai jour.

J'allai donc chez le peintre Tanneguy, près du moulin de la Galette, à Montmartre.

— Je veux votre impression sincère, me dit-il en me conduisant devant son tableau ; moi, il y a trop longtemps que je travaille dessus, je n'y vois plus rien. Vous, vous avez l'œil frais, vous jugerez mieux.

Et il ajouta, d'un accent de bonne foi auquel tout le monde aurait été trompé :

— On peut tout me dire, vous savez.

Le tableau de Tanneguy représentait un grand paysage, où la composition entrait pour une forte part : — le parc de Mlle Pauline Cico, à Nogent-sur-Marne, dévasté par les animaux de Mlle Aimée.

— Un sujet absolument moderne, me fit-il remarquer.

— Et sympathique, ajoutai-je.

Ce n'était pas le tableau de tout le monde assurément.

Tout le monde n'aurait pas rendu ce fouillis de broussailles, d'arbres abandonnés à eux-mêmes et enchevêtrés, toute cette dévastation d'un jardin déshonoré.

— Eh bien ? me demanda Tanneguy au bout de quelques minutes, pendant lesquelles il avait respecté mon recueillement.

— Dois-je commencer par les louanges ? lui dis-je.

— Commencez par où vous voudrez.

— Eh bien, mon ami, c'est... c'est très curieux.

— N'est-ce pas ?

— Oui... ces détritus de toute sorte, ces côtes de melon jetées au hasard, ces restes de charcuterie dans du papier... tout cela est fort intéressant.

— Et ce que vous oubliez ?

— Quoi ?

— Là... dans ce coin.

— Ah ! c'est vrai... je n'avais pas aperçu... Fichtre ! Saisissant !

Tanneguy rayonnait d'orgueil.

— Mais un peu audacieux peut-être, ajoutai-je en souriant.

— Bah ! bah !

— On n'y est pas encore accoutumé.

— Il faudra bien qu'on s'y fasse... C'est une idée que m'a suggérée le jeune Forain.

— Allons, avouez qu'il a posé.

LES SIGNES CORRESPONDANTS

M. Pierre Decourcelle, dans son *Grain de beauté*, représenté au Gymnase, a repris une thèse qui avait déjà fourni à Casanova un des chapitres les plus vifs de ses mémoires. Il s'agit des signes placés sur le visage, — par la nature, bien entendu, — et qui, selon cette thèse singulière, seraient répétés sur la partie inférieure du corps.

Drôle de sujet à mettre en comédie! Il paraît cependant que ce jeune audacieux s'en est fort bien tiré. Cet heureux âge sait venir à bout de toutes les entreprises.

On m'a affirmé qu'il existait des maris pour lesquels cette théorie des *signes correspondants* avait été une véritable révélation. Natures grossières et peu curieuses! Indifférence du propriétaire qui n'a jamais été saisi de l'envie de visiter son domaine en entier! Cela m'a rappelé un ancien fabliau, que je vais essayer de raconter ici, et qui réclame toutes les délicatesses de la plume.

Un seigneur féodal, qui n'aurait point été déplacé dans une opérette moderne, s'était acquis une réputation détestable par ses fantaisies extravagantes et sans frein. Un dimanche, à la tête d'une nombreuse troupe en armes, il s'avisa d'envahir un de ses propres villages, pendant que les habitants dansaient sous l'ormeau. Il ordonna qu'on séparât les maris de leurs femmes, sans les instruire d'abord de ses intentions. Ceux-là furent internés provisoirement dans un champ voisin, tandis que dans un autre celles-ci...

Hum ! cela n'est pas aussi aisé à écrire que je le croyais. Allons-y de notre mieux !

Les hideux satellites du seigneur ne dépouillèrent pas précisément les paysannes, mais ils leur enveloppèrent la tête dans leurs vêtements relevés, « de sorte — dit l'historien à qui j'emprunte ce récit — que chacune d'elles offrît le même phénomène que notre planète, dont une moitié n'entre jamais dans l'obscurité sans que l'autre ne soit favorisée par les rayons du jour ».

Cette gracieuse pensée gagnerait considérablement à être mise en vers et à être accompagnée par la musique. Je suis toujours mes idées d'opérette.

Ces dispositions prises, le facétieux châtelain fit ramener les maris et les invita à reconnaître leur bien sous ce nouveau point de vue. Il y eut une grande confusion. Les hésitations de certains d'entre eux trahissaient une insouciance coupable et dans tous les cas offensante. Pendant que les uns, guidés par ce nez conjugal qui ne trompe pas, allaient droit à leur propriété, quelques autres, fourbes au premier chef, s'obstinaient dans des réclamations nullement fondées. Astuce et amour!

Je persiste à voir là une situation très piquante pour un librettiste et un fort beau finale pour un compositeur.

Quel fut le dénouement de cette égrillarde équipée? Le seigneur Croquefer admonesta vertement les maris distraits.

— Comment, coquins! leur dit-il, un agneau de huit jours court, entre mille brebis, à la mère qui le nourrit, et vous, froids mortels, vous, etc., etc.

Il récompensa les autres pour leur sagacité.

Et les danses recommencèrent sous l'ormeau.

Tout cela est pour en arriver à dire que, si elle leur eût été connue, la théorie des *signes correspondants* eût favorisé et simplifié les reconnaissances de ces braves villageois.

JUNDT

Il y aura toujours de plaisantes histoires à raconter sur les relations entre les bourgeois et les peintres ; c'est un dossier qui va sans cesse s'augmentant. Et quand je dis bourgeois, j'entends aussi les gens du monde.

J'ai sur les lèvres une de ces histoires-là, que je tiens du peintre Jundt, et que je ne peux retenir.

Un opulent manufacturier d'Alsace (appelons-le Kirschwaser, afin qu'on ne le reconnaisse pas) s'était pris d'admiration pour un tableau qu'il avait vu dans l'atelier de Jundt et qui représentait un épisode de la guerre de 1870 dans une grange. — Notez bien cette indication : dans une grange !

M. Kirschwaser n'eut pas de cesse qu'il n'eût acheté ce tableau.

Sa famille partagea son enthousiasme ; il fut mis dans le salon, à la place d'honneur, où pendant une semaine tous les amis de la maison furent invités à venir le contempler.

Au bout de quelque temps, Jundt, allant chez M. Kirschwaser, ne vit plus son tableau dans le salon.

Il demanda une explication.

— Je l'ai fait transporter dans la salle à manger, dit M. Kirschwaser d'un air embarrassé.

— Tiens ! pourquoi ? fit Jundt.

— Pourquoi ?

— Oui.

— Ah! voilà... Votre tableau représente une grange, n'est-ce pas?

— Eh bien?

— Dans cette grange il y a de la paille, du fumier...

— Comme dans presque toutes les granges.

— D'accord... mais mes amis m'ont fait comprendre qu'un salon n'était pas un endroit à exposer du fumier.

⁂

M. Kirschwaser ajouta en souriant :

— Vous me ferez un autre tableau, mon cher artiste... mais gracieux, aimable...

Jundt se mit à l'ouvrage.

Dans un jardin rempli de fleurs, par un beau soleil d'été, trois jolis enfants conduits par leur mère viennent souhaiter la fête à leur grand-papa, un villageois encore plein de verdeur.

— Est-ce un tableau de salon cela, hein ? dit Jundt à M. Kirschwaser, lorsqu'il eut terminé.

— Parfait ! répondit le manufacturier.

Et la *Fête à grand'papa* alla remplacer la malencontreuse *Grange* dans le salon de l'hôtel Kirschwaser.

Jundt avait donc lieu de se croire parfaitement tranquille cette fois, lorsqu'un jour il vit entrer dans son atelier non pas M. Kirschwaser, mais sa femme.

— Qu'est-ce qui me vaut l'honneur de votre visite, madame ? demanda-t-il.

— Je viens au sujet de votre tableau, monsieur.

— Mon tableau ? répéta Jundt, dont le front s'ombra légèrement ; est-ce qu'il aurait cessé de vous plaire ?

— Oh ! loin de là ! tout le monde nous en fait compliment.

— Il n'y a pas de fumier dans celui-là, mais un beau gazon bien vert, bien lisse...

— Oui, monsieur Jundt... et cependant, s'il faut tout vous dire...

— Dites tout, madame.

— Vous allez vous moquer de nous ?

— Quelle idée, madame Kirschwaser !... N'êtes-vous pas satisfaite des petits enfants qui portent des bouquets ?

— Ils sont jolis comme des cœurs.

— Et la jeune mère qui les accompagne ?

— Elle est ravissante, monsieur Jundt, ravissante.

— Alors... ?

— C'est le grand-papa.

— Qu'est-ce qu'il a, le grand-papa ? demanda le peintre ; est-ce que ce n'est pas un vieillard vénérable ? Est-ce qu'il n'a pas de beaux cheveux blancs, un beau front, un bienveillant sourire ?

— Si fait, monsieur Jundt, si fait, il a tout cela, mais...

— Mais quoi ?

— Voyez-vous, on le trouve généralement trop pauvre.

Jundt demeura sans réplique.

— Oui, continua Mme Kirschwaser ; il a l'air d'un mendiant plutôt que d'un paysan.

— Ah !

— Mon Dieu ! monsieur Jundt, ne soyez point froissé de cette remarque, je vous prie.

— Je ne suis point froissé, madame : j'avoue seulement que je n'avais pas pensé à la fortune en composant ce grand-père. Il est bien tard maintenant pour réparer le mal.

— Vous qui avez tant de talent, est-ce que vous ne pourriez pas...

— L'enrichir ?

— Je ne dis pas cela... mais en cherchant bien...

— Madame, il n'est rien que je ne fasse pour vous être agréable, répondit Jundt en s'inclinant ; demain matin je serai à votre hôtel avec ma boîte à couleurs... D'ici-là, le ciel m'enverra peut-être une idée.

Le lendemain matin, le ciel n'avait rien envoyé du tout à Jundt. Il ne s'en rendit pas moins à l'hôtel Kirschwaser. Il fit décrocher et descendre le tableau.

Ensuite il pria qu'on le laissât seul, tête-à-tête avec son œuvre.

Une heure après, lorsque la famille Kirschwaser rentra au salon, ce ne fut qu'un cri d'extase. Le tableau était complètement transfiguré.

Jundt avait mis une superbe chaîne de montre en or au vieux villageois et un magnifique solitaire à son doigt.

L'HISTOIRE SUR LE PAVÉ

Dans la cour intérieure des Tuileries on a vendu pendant quelque temps des débris provenant de la démolition du palais: fûts et chapiteaux, astragales, marbres, pierres historiées. Tout était là, gisant sur le sol. Faisait son choix qui voulait.

— Donnez-m'en pour deux sous, disait un gavroche au gardien.

Mais il n'y avait pas que des irrévérencieux parmi les acheteurs; il y avait des émus, des attendris qui se courbaient pieusement devant ces débris. J'ai vu un vieux valet de chambre de l'empire, pleurant sur ses beaux mollets rebondis, reconnaître une colonne du vestibule contre laquelle il avait l'habitude de se tenir adossé.

— Ma colonne! ma chère colonne! s'écriait-t-il en l'entourant de ses bras et en la mouillant de pleurs.

Il voulait l'emporter, afin de la placer au milieu de son appartement; il serait allé encore s'adosser contre elle, à de certains jours d'anniversaire, après avoir revêtu son ancienne livrée, qu'il a religieusement conservée; — car les *grands domestiques* ont le respect de leur uniforme, comme les préfets, les sénateurs et les membres de l'Institut.

Mais la colonne était hors de prix, et le fidèle « serviteur du château » dut y renoncer, quelques sacrifices qu'il fût disposé à faire.

J'ai vu aussi sur ce terrain un ex-chambellan et un député républicain. Le chambellan était absorbé dans de profondes réflexions sur un fragment d'escalier que son escarpin avait usé pendant douze ou quinze ans. Peut-être pensait-il avec Alfred de Musset :

> Dites-moi, marches gracieuses,
> Les rois, les princes, les prélats,
> Et les marquis à grand fracas,
> Et les belles ambitieuses,
> Dont vous avez compté les pas?

Le chambellan ne fut détourné de sa rêverie que par l'approche du député.

— Eh quoi! vous ici, monsieur? lui dit-il en essayant de donner à sa voix une inflexion ironique.

— Oui, monsieur.

— Est-ce que vous viendriez par hasard y faire provision de souvenirs ?

— Justement, dit le député.

— Dans le palais de la monarchie ?

— Non, monsieur, dans le palais de la liberté... J'y viens chercher la poussière de la Convention.

Les vrais archéologues, en gens bien avisés, s'y sont pris à l'avance pour se procurer des souvenirs des Tuileries. Les marchands, presque aussi fins que les amateurs, n'ont pas été non plus en retard. Les derniers étrangers s'arrachaient les cheveux sur la place du Carrousel.

— Aôh! vendez-moi un... un vestige... de cette maison, disait un Anglais au gardien.

— Quel vestige, monsieur ?

— Un vestige du temps de Catherine de Médicis.

— Trop tard.

— Eh bien, du temps de Louis XIV.

— Il n'en reste plus, milord.

— Aôh!... Je contenterai moa, alors, avec un vestige de Louis XVI.

— Impossible.

L'insulaire se désolait, mais il avait été filé par un individu qui, pareil aux vendeurs de billets de spectacle *moins cher qu'au bureau*, l'invita à le suivre chez un marchand de vin du quai Voltaire, où il lui vendit un superbe pavé soi-disant détaché de la muraille du Salon des Maréchaux.

LA MORT DU COCHON

Il a fait de belles gelées, et plusieurs fois les aubes sanglantes de décembre se sont levées sur la neige. Le charcutier du village s'impatiente; un matin, il sort de sa boutique, chaussé de ses gros sabots, le ventre ceint de son tablier. Qu'il est beau, le charcutier! qu'il est frais ! qu'il est rose!

Il traverse la place et va soulever le loquet de la porte d'un des habitants.

— Eh bien, maître Vincent, lui dit-il, à quoi pensons-nous? Il est temps de tuer votre cochon.

— Déjà? murmure le paysan.

— Sans doute.

— C'est drôle ; je m'étais attaché à Casimir... ma femme et mes marmots aussi.

— Bah! bah! reprend le charcutier en haussant les épaules; après lui, ce sera un autre... Allons, présentez-moi à Casimir.

— Non, demain, dit le paysan.

— Demain, soit. Préparez l'eau bouillante.

Le charcutier revient le lendemain. Le paysan le conduit vers Casimir, un opulent sujet, qui dort ou fait semblant de dormir; car sait-on jamais ce qui se passe chez un cochon ?

On commence par le tirer hors de sa couche de paille, ce qui l'étonne et le met de mauvaise humeur ; ensuite, on lui lie les pieds, ce qui le fait tout de bon grogner, beugler, hurler, se débattre. Mais on le maintient solidement. Le paysan, qui prétend l'aimer, s'irrite et lui assène un coup de poing sur l'œil.

Moment solennel ! le charcutier s'agenouille devant Casimir et lui dit en goguenardant :

— Allons, sois gentil... fais une risette !

Puis il lui fourre son couteau dans la gorge. Un *han... an* formidable emplit les airs.

Les jattes ont été vitement apportées pour recueillir le sang précieux. L'agonie de l'animal est longue, terrible. Enfin, toutes ses veines sont taries, ce n'est plus qu'une masse inerte. Il s'agit de le nettoyer maintenant. — Pour les condamnés, c'est avant la mort qu'a lieu la toilette ; pour les cochons, c'est après.

L'eau fume dans le grand chaudron. On s'arme de brosses, on se penche sur feu Casimir; on le lave, on le gratte, on le tourne et on le retourne; on le fait joli, on le fait blanc comme l'ivoire, on le fait net comme un sou. L'eau met des perles à chacune de ses soies; ses jambons apparaissent cerclés d'un triple rang de graisse. C'est le roi des cochons.

Le moment est venu de le pendre. On l'accroche par les pieds à un crampon de fer, la tête en bas. C'est alors que le charcutier s'avance de nouveau. Jusqu'à présent, il n'a fait qu'œuvre de bourreau, — il va faire œuvre d'artiste maintenant.

Le charcutier fend le cochon, ce qui exige une certaine dextérité; et, après qu'il l'a fendu, il le dépèce. Il n'est pas donné à tout le monde d'être bon dépeceur. Ceux du village valent souvent mieux que ceux de la ville, car ils vivent plus dans l'intimité quotidienne des cochons et dans le secret de leur anatomie.

LE TÉLÉGRAPHE

Me voyant passer sur le boulevard Bonne-Nouvelle, le libraire Conquet me fait signe, du seuil de son magasin.

— Entrez, me dit-il, j'ai quelque chose à vous montrer.

— Du nanan ?

— Du vrai nanan.

Et il met sous mes yeux une brochure in-octavo, de douze pages, datée de 1819, et signée... V.-M. Hugo !

Titre : *Le Télégraphe,* satire. (Paris, chez les libraires Delaunay, Dentu et Petit, et chez tous les marchands de nouveautés.)

— Vous avez raison, dis-je à Conquet ; la

pièce est rarissime... des vers de Victor Hugo à dix-sept ans !

— Asselineau est le seul qui fasse mention du *Télégraphe* dans son *Catalogue romantique;* encore ne l'a-t-il jamais vu... Pour moi, j'avais renoncé à le rencontrer.

— C'est un diamant bibliographique, ajoutai-je.

Puis, ouvrant mon porte-monnaie, j'y pris délicatement cinquante francs, que je me mis en devoir d'offrir au libraire.

— Cinquante francs... un diamant? dit-il avec un sourire de refus.

— Eh bien, soixante-quinze francs, murmurai-je.

— J'ai commission pour deux cents.

Que le cher maître Hugo me pardonne. Mais en entendant ces cruelles paroles, j'étouffai un soupir de regret, et mon porte-monnaie rentra dans ma poche.

Le *Télégraphe* devenait inabordable pour moi.

— Au moins, laissez-moi le lire, dis-je à Conquet.

— Volontiers ; entrez dans mon arrière-magasin.

Le *Télégraphe* commence ainsi :

Tandis qu'en mon grenier, rongeant ma plume oisive,
Je poursuis en pestant la rime fugitive,
Ce maudit Télégraphe enfin va-t-il cesser
D'importuner mes yeux, qu'il commence à lasser?
Là, devant ma lucarne! Il est bien ridicule
Qu'on place un Télégraphe auprès de ma cellule!
Il s'élève, il s'abaisse ; et mon esprit distrait
Dans ces vains mouvements cherche quelque secret.
. . . .
Bon! me dis-je, à la France il annonce peut-être
Des ministres du roi qui serviront leur maître...

Comme on le voit, le ton est un peu suranné. Il fallait s'y attendre. C'est dans la jeunesse qu'on fait des vers vieux. Mais du moins, ceux-ci ne sont pas inférieurs à tous ceux qu'on publiait alors. Ils auraient pu parfaitement être signés Ancelot.

Déjà même, l'auteur des *Odes et Ballades* commence à se faire pressentir. Par moments, le souffle s'élève, l'image se colore, le mouvement se précipite, comme dans cette phrase :

> Télégraphe, où sont-ils les beaux jours de ta gloire ?
> Sais-tu qu'il fut des temps où, du Nord au Midi,
> Tu suivais l'heureux camp d'un despote hardi,
> Quand, sur ton front muet posant ses pieds agiles,
> La Renommée errait sur tes tours immobiles,
> Et disait, dans un jour, au monde épouvanté
> Ou le Kremlin en flamme ou le Tage dompté ?

Ce n'est plus de l'Ancelot alors, c'est presque du Victor Hugo, — du *Victor-Marie*.

Des notes en prose terminent cette courte satire.

Il est inutile de dire que le *Télégraphe* n'a jamais été réimprimé dans les œuvres de son auteur.

VILLEMESSANT PÈLERIN

Villemessant avait, comme on sait, le dandysme de la légitimité. Il avait fait partie, en août 1850, du pèlerinage à Wiesbaden, et il avait eu avec le comte de Chambord une conversation dont il n'est pas sans intérêt de rappeler aujourd'hui quelques fragments.

« Le prince eut la bonté de me demander ce que je pensais de l'appel au peuple.

« — Monseigneur, lui répondis-je, on ne consulte personne pour prendre ce qui vous appartient. Vous devez rentrer à Paris comme votre aïeul Henri IV, ou n'y pas rentrer du tout. N'ôtez pas l'auréole qui resplendit sur votre front. Je ne veux pas que l'élection de mon roi soit discutée le verre à la main. »

Villemessant n'était pas dépourvu d'un certain bon sens pratique.

Autre demande et autre réponse, dans la même relation de Villemessant :

La demande au comte de Chambord est du comte de la Viefville.

« — Monseigneur, si le socialisme triomphait, nous sommes de jeunes Français qui ne nous laisserions pas égorger. Il y a une Vendée, nous irions; serions-nous sans chef?

« — Je ne voudrais pas rentrer en France par la guerre civile; mais si l'on tirait deux coups de fusil, au troisième je serais à cheval. »

Ces velléités guerrières ne paraissent pas s'être soutenues et sont même en désaccord avec d'autres déclarations du comte de Chambord.

Villemessant se trouvait à Wiesbaden en même temps qu'une députation d'ouvriers de Paris, conduite par le papetier Jeanne, du passage Choiseul. Le comte de Chambord leur avait fait adresser trois invitations à dîner. Les convives avaient été désignés par la voie du sort. Villemessant a raconté quelques épisodes semi-comiques de ce repas.

« Au dessert, le nommé Leroux s'empara de la bouteille qui avait servi à remplir le verre du prince, demanda de la cire, la recacheta avec précaution, en disant :

« — Il en reste encore une demi-bouteille ; monseigneur la finira lors de son retour à Paris.

« — Malheureusement, elle sera peut-être un peu aigre à ce moment-là, dit un jeune garçon à l'air éveillé et spirituel.

« — Pour moi, mes amis, je la trouverai bien douce ! » répondit le prince.

Bons mots de roi !

Autre anecdote :

« Le jour du départ, les ouvriers dînèrent tous à l'hôtel de la Poste. M. le comte de Rouget vint se mettre à table avec eux et leur adresser les derniers adieux du prince. Le repas était fort avancé déjà lorsque le nommé Roussel, coiffeur de la rue Vivienne, entra dans la salle avec un air effaré et joyeux dont ses camarades lui demandèrent la cause.

« — J'en ai! j'en ai! fit-il pour toute réponse, en montrant un papier soigneusement plié qu'il enferma dans son sein.

« Ce brave garçon avait été mandé par le prince pour lui couper les cheveux, et il avait conservé une des boucles tombées sous ses ciseaux. »

A ajouter à l'histoire des fétiches sans efficacité.

FILS D'ESCULAPE

> Puisque, comme le grand Achille,
> Vous êtes blessée au talon,
> Je vous adresse à domicile
> Un morceau de diachylon.
>
> Pour en faire un usage utile,
> Vous le découperez en long,
> A peu près en forme de tuile,
> Et puis vous le fendrez, selon
>
> Le modèle indiqué ci-contre...

Qui est-ce qui s'exprime ainsi ?

Un médecin, parbleu ! le docteur A. Perrot. Tous les médecins ne sont pas aussi poètes que lui.

Mais celui-ci fait servir la Muse à de drôles d'emplois !

Passe pour la première pièce de son volume : *A la marquise X..., qui m'avait offert un petit chat blanc cravaté de rose.* Cela rentre dans la tradition galante de nos pères.

Mais dès que le docteur Perrot quitte les sphères amoureuses, c'est pour demander des billets de spectacle à M. Jules Barbier, à M. Deroulède, à Mlle Zulma Bouffar.

> Ma mère part, je l'idolâtre,
> Et trois places d'amphithéâtre
> Nous feraient pourtant bien heureux !

Ou encore, c'est pour emprunter un habit à un de ses amis :

> Vous souvient-il, ami, de votre mariage ?
> J'en étais... et je suis d'un autre ; mais j'enrage !
> Jugez de ma douleur et de mon désespoir.
>
> Mon beau-frère m'avait prêté son habit noir,
> Et, cette fois, il est de noce. Quel dommage !
> Un habit qui m'allait comme un vivant plumage !
> A qui m'adresserai-je, hélas ! pour en avoir ?

Une autre fois, le docteur Perrot envoie deux sonnets, coup sur coup, à un dentiste fameux, pour obtenir de lui une réduction sur le prix d'un râtelier qu'il convoite. Le docteur n'a plus de dents, il l'avoue.

> J'économiserai deux cents francs l'an qui vient,
> Pensais-je, et j'irai chez Duchesne.

.Ah! çà, docteur, ça ne va donc pas, les consultations?...

Je ne saurais rendre ma surprise en me trouvant en face d'un pareil volume de poésies, où il n'est question ni de fleurs, ni d'oiseaux, ni du soleil, ni de la lune, ni de l'étang moiré, ni du ruisseau jaseur, — d'un volume naïvement familier, en manches de chemise pour ainsi dire, qui raconte les petits accidents de la vie usuelle et les petits drames de la vie intime, sans souci du ridicule, à la bonne franquette, — d'un volume qui n'a rien à démêler avec les Parnassiens, et qui ne sait même pas « où ils demeurent ».

Le médecin reparaît à chaque instant sous le poète. Témoin cette observation qu'il adresse à Alphonse Daudet, après une lecture de *Jack* :

Un seul mot! A la fin du neuvième chapitre,
Je vois Hirsch s'élancer et, d'un air aguerri,
Brandir, pour ausculter, l'instrument de Piorry!
Or, on n'ausculte point avec le plessimètre,
Mais on percute.....

Parlez-moi de cela! Le docteur A. Perrot connaît son affaire; et, en outre, comme rimeur, il a droit à une place toute particulière dans ce qu'on appelait jadis le Temple de Mémoire.

A L'AMBIGU

Le hasard a fait tomber entre nos mains le cahier d'un employé de l'administration du théâtre de l'Ambigu-Comique, sous la direction mémorable de M. Billion.

Nous ne pouvons nous refuser le plaisir de donner ici quelques extraits de ce cahier, écrit au jour le jour, pendant la période épique du *Drame de Gondo,* du *Tremblement de terre de Mendoce*, du *Borgne* et autres *fours* légendaires.

Ces fragments, empreints de la sincérité la plus naturaliste, édifieront le lecteur sur quelques côtés des mœurs théâtrales.

« Mercredi, 6 mars 1872. — Première représentation de : *le Drame de Gondo*. Sifflé.

« Samedi, 30 mars. — Première représentation de : *le Portier du n° 15*. Beau succès pour Frédérick.

« Jeudi, 9 mai. — Première représentation de : *le Roi des Ecoles*. Réussite douteuse.

« Jeudi, 30 mai. — Reprise de : *le Forgeron de Châteaudun*.

« Jeudi, 27 juin. — Première représentation de : *le Tremblement de terre de Mendoce*.

« Insuccès. Le dialogue a été *attrapé* en plusieurs endroits.

« Samedi, 6 juillet. — Onzième représentation du *Tremblement*.

« Peu de monde. Mlle Léonide Leblanc

dans la salle. Quatre nègres aux fauteuils de galerie.

« Lundi, 8 juillet. — Douzième représentation. Personne.

« Vendredi, 18 octobre. — Première représentation de : *le Centenaire*.

« La pièce a bien marché, M. Desrieux, chargé d'un rôle de traître, a été interpellé par le public :

« *Eh! va donc, canaille! F... donc le camp!*

« Jeudi, 7 novembre. — Vingt et unième représentation du *Centenaire*.

« M. Lafont, remonté dans sa loge, n'a pas voulu descendre pour le rappel du troisième acte. Mlle Jane Essler furieuse.

« Lundi, 25 novembre. — Trente-neuvième représentation.

« M. Desrieux continue à *étrenner*. A la scène de provocation, un spectateur a crié : *Animal!* Un autre : *F...-lui une volée!* Enfin, un autre : *Taisez donc vos gueules!*

« Samedi, 30 novembre. — Quarante-quatrième représentation.

« Au quatrième acte, le rideau ne baissait pas au coup de sonnette : machinistes endormis.

« Lundi, 9 décembre. — Cinquante-troisième représentation.

« Faille a ses douleurs.

« Jeudi, 12 décembre. — Cinquante-sixième représentation.

« M. Lenormand a fait prévenir qu'il ne pouvait pas jouer, à cause de son clou. — Roger, le ténor, à l'avant-scène.

« Mercredi, 8 janvier 1873. — Première représentation de : la *Dépêche*. — Bien marché; succès d'estime.

« Jeudi, 30 janvier. — Vingt-troisième représentation de la *Dépêche*.

« Sevin a oublié de tirer le coup de pistolet.

« Samedi, 1ᵉʳ février. — Reprise de : *le Drame de la rue de la Paix*.

« Bonne exécution, belle salle.

« Réflexion à haute voix d'un spectateur à l'entrée de Mlle Ribeaucourt, au 4ᵉ acte : *Je me payerais bien la bonne!*

« Vendredi, 2 mai. — Première représentation de : *Mademoiselle trente-six vertus.*

« Beaucoup de tapage; du pour et du contre.

« Lundi, 19 mai. — Dix-huitième représentation de *Mademoiselle trente-six vertus.*

« Peu de monde, en raison de la rentrée de la Chambre à Versailles; préoccupations politiques.

« Jeudi, 22 mai. — Vingt et unième représentation.

« Mme Marie Colombier a coupé la scène du sixième tableau. Grand attrapage entre ces dames; la petite Drouard était de la partie.

« Vendredi, 23 mai. — Vingt-deuxième représentation.

« Mme Marie Colombier a fait encore, au

sixième tableau, la même méchanceté à Mlle Drouard, en l'empêchant de dire son mot en scène.

« Samedi, 31 mai. — Première représentation de *Tabarin ou les Parades du Pont-Neuf*.

« Succès. Incident du moine; on a crié dans la salle : *A bas les jésuites! Enlevez le calotin!*

« Vendredi, 13 juin. — Quatorzième représentation de *Tabarin*.

« Le duc d'Aumale et le prince de Joinville assistent à la représentation.

« Renvoi de la choriste M...

« Samedi, 21 juin. — Vingt-deuxième représentation.

« Dans l'entr'acte du cinquième acte, collision entre le garçon gazier et un aide-machiniste.

« Lundi, 7 juillet. — Première représentation des *Postillons de Fougerolles*.

« La pièce a été très bien accueillie. Dans

la journée, vive altercation entre Vannoy et Mangin.

« Dimanche, 13 juillet. — Septième représentation des *Postillons*.

« Salle peu garnie. Grande fête au Trocadéro pour le schah de Perse.

« Jeudi, 24 juillet. — Dix-huitième représentation.

« Chaudesaigues, en dansant, est tombé dans la rampe... »

***

J'aurais pu accompagner ces extraits de quelques réflexions personnelles, m'étonner de la persistance de Mme Marie Colombier à couper les mots de Mlle Drouard, déplorer le mauvais goût des spectateurs dans leurs apostrophes aux artistes, plaindre M. Desrieux d'avoir à porter le poids d'un rôle odieux, partager la fureur de Mlle Jane Essler, privée par Lafont d'un rappel légitimement gagné; m'enquérir du genre des *dou-*

leurs de Faille, etc., etc. — Mais j'ai pensé que le texte magistral de l'employé de l'Ambigu pouvait se passer de ces commentaires.

LE DIRECTEUR BILLION

Je regrette quelquefois, au point de vue pittoresque, ces directeurs de théâtres qui n'avaient aucune espèce d'instruction ni aucune connaissance du monde. Avec eux, on pouvait rire. Le dernier de ceux-là, Billion, avait commencé par être directeur des Funambules, du temps du célèbre mime Debureau père; plus tard, l'ambition le gagnant, il s'était hissé jusqu'à la direction du Cirque, où l'on jouait des pièces militaires et des féeries.

Il y avait gagné beaucoup d'argent, et il lui en était resté beaucoup d'avarice.

Après la démolition du Cirque et ses diverses transformations en Théâtre-Lyrique et en Théâtre-Historique, le père Billion, — qui n'avait pu arriver à se faire appeler M. Billion, comme M. Montigny ou M. Hostein, — s'était tenu coi et avait attendu. Dans sa vieillesse, et lorsqu'il avait cru le moment propice, il avait acheté l'Ambigu-Comique. Il s'était imaginé, d'après l'enseigne, que c'était un théâtre où l'on pouvait faire représenter n'importe quoi, pourvu qu'il y eût des tyrans et des orphelines, des combats *à l'hache*, des ponts du torrent écroulés et des chaumières incendiées — par des procédés économiques.

Le temps avait marché cependant, et un peu aussi la littérature. Frédéric Soulié et Paul Féval avaient passé par là. Le père Billion arriva comme un revenant, daté de Guilbert Pixérécourt et de Caigniez ; on eut toutes les peines du monde à l'empêcher de reprendre la *Pie voleuse* et *Victor ou l'enfant de la forêt*. On essaya de lui faire entendre qu'il existait de jeunes auteurs, qui d'ailleurs travaillaient dans le même genre.

— En êtes-vous bien sûr? demanda-t-il en hochant la tête.

— Vous le verrez bientôt, lui répondit-on.

Et, en effet, les manuscrits se mirent à pleuvoir chez le nouveau directeur de l'Ambigu, qui se retrouva en pays de connaissance. Ne voulant juger que par lui-même, il eut vite fait son choix; à défaut de l'orthographe et de l'éducation, qui lui manquaient absolument, son vieux flair le guida; il courut immédiatement au *Tremblement de terre de Mendoce*, et à trois ou quatre pièces de même farine, qui sont restées les modèles les plus épiques des chutes théâtrales de la seconde moitié du dix-neuvième siècle.

C'est de cette époque qu'on me vit revenir au théâtre, que j'avais déserté depuis quelques années, découragé par le nombre de chefs-d'œuvre qu'on avait pris l'habitude d'y jouer.

Ah ! les bonnes soirées que j'ai passées à l'Ambigu-Comique sous la direction du père Billion. Les acteurs, sauf quelques malheureux jeunes gens égarés, étaient tous à l'unisson des pièces. C'était là qu'on se fichait pas mal des *étoiles* et que les gros appointements étaient lettres inconnues ! Et non seulement les gros appointements, mais encore les décors et les costumes. On se serait cru revenu au temps bienheureux de Shakspeare. Jamais je n'ai vu tant de premiers rôles cachés sous des haillons et tant de traîtres dissimulés sous des robes de moines. Ah ! ce fut une belle période pour l'art pur ! Que de fois je me suis cru dans une petite ville de province, blotti dans un fauteuil de *parquet* — comme on appelle l'orchestre dans les préfectures — et indulgent pour les tonalités trop accusées du souffleur !

C'était du drame gauche, primitif, enfantin,

puéril, mais qui me rendait souverainement aise. J'y retrouvais mes premières impressions de jeunesse, alors que je croyais à tout et que le premier comparse venu, habillé d'une robe rouge constellée de poils de lapin blanc, me semblait réellement un membre du Conseil des Dix.

Le père Billion présidait à ces modestes fêtes de l'intelligence avec sa solennité accoutumée, car il était solennel à sa façon, ce bonhomme. Il avait des idées sur l'art et des affirmations qui faisaient la joie de ses pensionnaires, des bourdes colossales qu'on se répète encore dans les foyers. Avec cela, une mémoire d'une indigence rare ; c'était de lui qu'on pouvait dire qu'il était « brouillé avec les noms ».

En voici un exemple :

Un jour qu'il distribuait les rôles d'une pièce nouvelle, il s'arrêta pour dire :

— Ah ! celui-là, je le réserve pour un artiste que je viens d'engager.

— Comment appelez-vous cet artiste, monsieur Billion ? demanda le régisseur Sévin.

— Brindeau.

Il y eut un mouvement de surprise parmi les pensionnaires de l'Ambigu ; on savait que Brindeau se faisait payer cher.

— Brindeau ? répéta Clèves.

— Oui, Brindeau, dit le père Billion.

On se tut. Le jour de la répétition, on vit arriver le soi-disant Brindeau.

— Mais c'est Randoux ! s'écria Montlouis.

— Oui, Brindeau, dit le père Billion.

— Non, Randoux.

— Eh bien, c'est cela.

A mesure que les répétitions avançaient, le père Billion se frottait les mains en murmurant :

— Il va fort bien, ce Brindeau.

— Non, Randoux.

— Il a de la chaleur, du physique...

— Qui ?

— Brindeau.

— Mais pas du tout, c'est Randoux... Randoux !

Le père Billion tournait le dos ; son siège était fait. Il ne revenait jamais sur une habitude, et il avait pris l'habitude d'appeler M. Randoux du nom de Brindeau.

Et il ne cessa de l'appeler Brindeau pendant toute la durée de son engagement.

UN SOUFLEUR ORIGINAL

Un directeur d'un de nos théâtres de genre vient d'être forcé de se séparer de son souffleur.

Ce n'a pas été sans un certain sentiment de regret, car ce souffleur soufflait admirablement. Il n'avait pas son pareil pour se porter au-devant de l'hésitation des artistes; il savait prévenir les appels du regard et du pied; il soufflait non seulement le mot, mais l'intonation; — enfin, chose prodigieuse, il *envoyait* aussi le geste, par dessus le marché.

C'était un souffleur parfait.

Il avait d'ailleurs travaillé avec *monsieur* Frédérick; — et Ligier, un soir, après une représentation de *Richard III,* lui avait fait cadeau d'une tabatière dite *queue-de-rat,* en récompense de ses bons offices.

Malheureusement, ce souffleur s'était subitement transformé, dans le sens le plus désavantageux. Depuis quelque temps, il se parlait à lui-même, et il lui arrivait alors de souffler d'autres phrases que celles qui étaient dans la brochure.

Par intervalles, il s'arrêtait, passait la main sur son front et murmurait: *Canaille de Chevillot!*

— Canaille de Chevillot ! répétait l'acteur en scène.

Ce qui ne laissait pas d'étonner le public, surtout si l'acteur représentait un prince du sang ou le grand gonfalonier de Florence.

Ces distractions étant devenues de plus en plus fréquentes, on s'ingénia à en chercher la cause, et l'on finit par la découvrir. Le souffleur avait été trompé dans ses affections les plus chères — c'est-à-dire dans sa femme par un individu du nom de Chevillot.

Le coup avait été rude au pauvre homme ; une perturbation profonde de son intelligence s'en était suivie. Chevillot était sa préoccupation constante, Chevillot était son idée fixe, Chevillot était le fantôme qui se dressait sans cesse à ses yeux !

De là ces étranges parenthèses introduites par lui dans les rôles qu'il était appelé à souffler :

« Pas un mot de plus, monseigneur ! Cette jeune fille est désormais sous la sauvegarde de mon épée!... *Chevillot, tu me le payeras!* »

Ou bien encore :

« Il faut absolument que je vous voie ce soir, Anna, il le faut... *Prends garde à toi, Chevillot!*... Car je vous aime, Anna, je vous aime autant que ma mère, autant que Dieu! »

Chevillot était de tous les drames.

Cela ne pouvait pas durer ainsi.

Cela ne dura pas, en effet. Avant-hier, le malheureux souffleur a reçu sa lettre de congé, avec une indemnité de quelques centaines de francs.

Il pourra dorénavant se vouer exclusivement à ses imprécations contre Chevillot.

DANS UNE BOITE

Au théâtre, on ne fait plus de pièces qui se passent en Allemagne. Les auteurs y mettent une certaine discrétion.

Il y avait autrefois, — il n'y a pas bien longtemps de cela, — une Allemagne des vaudevillistes. Cette Allemagne pouvait tenir tout entière dans une boîte en bois blanc, comme les petites fermes d'enfant. Comme elles, elle se composait d'une trentaine d'objets environ, décors et personnages.

C'était d'abord une demi-douzaine d'arbres vert-pomme, un bosquet bleu, un château rose ; — puis un salon sévère, avec des portraits contemporains de l'empereur Henri l'Oiseleur ou Albert l'Ours ; un paravent orné de fleurs sur fond jaune, des fauteuils en velours d'Utrecht, un bois de cerf au-dessus d'une porte (!).

Voilà pour le mobilier.

Les personnages étaient invariablement : un électeur, vêtu d'une longue redingote bleue à rotonde ; — un conseiller, affublé d'une perruque énorme, couvert de brandebourgs sur tout le corps : — un gouverneur de citadelle, en culotte de peau, ceint d'une écharpe à glands d'or, et balançant à chaque mouvement de sa tête une queue démesurée, serrée dans un ruban noir; — un étudiant, Frédéric ou Léopold, avec de jolies moustaches, de jolies bottes, une jolie pipe, une jolie casquette et un maillot gris perle; — plus un hôtelier étiqueté Muller, et un jardinier du nom de Peters.

Quant aux femmes, il n'y en a jamais eu que trois dans la boîte allemande : l'amoureuse, taillée sur le patron de toutes les Wilhelmine connues; — la suivante Dorothée, moitié paysanne, moitié soubrette, — et enfin la sœur du conseiller ou du margrave, une grosse femme avec des airs de caricature, jouant de l'éventail et de la prunelle, et feignant des vapeurs.

Telle était l'Allemagne des vaudevillistes, qui a servi si longtemps au Gymnase, aux Variétés, voire à l'Opéra-Comique. Il y avait des boîtes plus chères, où l'on trouvait des grands Frédéric, — canne, tricorne et tabatière compris.

SARAH BERNHARDT

EN AMÉRIQUE

Le sort en est jeté. Elle part, elle est partie. Rien n'a pu la détourner de sa funeste résolution. Nous n'avons plus qu'à la suivre dans son itinéraire.

Nous sommes à Liverpool. Le steamer américain le *Pacific* fume énergiquement.

— Allons, mademoiselle, en route pour l'autre monde! dit un loustic au moment où Sarah Bernhardt met le pied sur le pont du *Pacific*.

— Vive Sarah Bernhardt! s'écrient les fidèles de la dernière heure groupés sur le quai.

La pluie tombe à torrents.

10 juillet.

Sarah Bernhardt ne quitte pas sa cabine.

Sur le pont, Dieudonné, Latouche, Randoux, se livrent à une violente promenade.

18 juillet.

Le 18, à six heures du matin, on cotoie les bancs de Terre-Neuve.

Les passagers se rappellent qu'ici a eu lieu l'horrible naufrage de l'*Arctic*. Ce souvenir jette un froid.

Sarah Bernhardt se décide à paraître à la salle à manger. Elle est plus pâle que d'habitude.

Une dame américaine vient la prier de vouloir bien dire quelques scènes de tragédie. Sarah refuse avec un empressement parfait.

Comme c'est justement pour dire des scènes de tragédie qu'elle se rend en Amérique, la dame en question pourra l'entendre tout à son aise, — en payant.

22 juillet.

Marsouins et mélancolie.

On commence à sentir les émanations de la terre.

Bientôt, le canon du *Pacific* salue le fort de la Quarantaine. A sept heures du matin, on entre à toute vapeur dans la rade de New-York.

Le steamer n'était attendu qu'à dix heures : c'est ce qui explique l'absence de toute manifestation, et comment Sarah Bernhardt, légèrement désappointée, aborde le nouveau monde au milieu de l'indifférence générale.

Une modeste voiture, — traînée non par des négociants, mais par de simples rosses, emporte l'illustre comédienne vers la maison qui a été retenu pour elle Clinfon Place, 5.

Là, commence et se continue toute la journée le défilé des députations. On s'étouffe dans son antichambre. Sarah Bernhardt se retrouve dans son milieu d'adulations. — Il y a surtout un Américain qui ressemble étonnamment à Emile de Girardin.

Le soir, sérénade et chants nationaux exécutés sous ses fenêtres.

Elle est forcée de paraître au balcon.

Elle s'endort fort tard dans la nuit, en songeant que la première représentation de Jenny Lind, à New-York, a rapporté dix-sept mille dollars, soit quatre-vingt treize mille francs.

4 août.

Première représentation de Sarah Bernhardt. Elle joue *Phèdre*.

La salle est merveilleuse.

Sarah est émue, très émue. Sa main est glacée.

Son entrée en scène produit une excellente impression. Les Américaines, particulièrement, sont enchantées qu'il existe une personne plus maigre qu'elles.

Aussi ne lui ménagent-elles ni les bravos ni les rappels.

Après la représentation, on devait croire qu'une foule immense allait attendre Sarah Bernhardt et la porter en triomphe jusque chez elle. Au lieu de cela, chaque spectateur s'est sauvé au plus vite pour trouver une place dans l'un des nombreux omnibus qui stationnent à la fin du spectacle, aux portes des théatres. Ensuite chacun est rentré dans son domicile, a absorbé une ou deux théières d'eau chaude, s'est fourré sous sa couverture, s'est mis à dormir profondément, et a rêvé de tout, excepté de la *French company*.

6 août.

Sarah Bernhardt joue *Adrienne Lecouvreur*.

La pièce fait beaucoup plus d'effet que *Phèdre*.

C'est que les costumes sont si beaux dans *Adrienne*! Et puis, il y a une décoration nouvelle à chaque acte; et c'est une grande joie pour les Américains de ne plus voir cet éternel palais, éternellement orné de ses deux vieux fauteuils rouges.

Dieudonné a été très goûté dans le rôle de l'abbé, qu'il vient de jouer à Londres.

Après le spectacle, quelques jeunes gens essaient de monter le coup de la voiture dételée. Ils en sont empêchés par une pluie diluvienne.

20 août.

Les représentations continuent.

Les recettes ont baissé. On diminue les places.

Le climat n'est pas favorable à Sarah Bernhardt, qui tombe dans le marasme.

Latouche, qui a toujours le mot pour rire, entreprend de la distraire, — et il lui apprend négligemment que des bruits de choléra circulent dans Broadway.

Sarah devint effroyablement pâle...

1er septembre.

Départ pour Boston.

Voyage en chemin de fer, plein de transes. Sarah ne s'était pas renseignée sur les chemins de fer américains.

— O mon petit hôtel parisien ! dit-elle souvent en fermant les yeux.

14 septembre.

Toujours *Adrienne Lecouvreur* et toujours *Phèdre.*

Les habitants se plaignent de ce qu'on leur vend les places plus cher qu'au bureau. A ce sujet, on fait circuler l'anecdote suivante :

Un gentleman entre chez un pharmacien de Boston et lui demande deux tickets pour la prochaine représentation de la Compagnie française.

— Mais je ne tiens pas ce genre de médicament, répond le pharmacien surpris.

— Ah ! pardon, dit le gentleman, c'est que j'ai lu sur votre vitrine : *Sangsues d'Europe.*

Sarah Bernhardt continue à devenir de plus en plus triste et de plus en plus souffrante.

Elle dépérit à vue d'œil. Elle tourne au diaphane. Les Bostoniens n'en ont vraiment pas pour leur argent.

Ils lui demandent la *Marseillaise*, en manière de supplément.

3 octobre.

A Philadelphie, Sarah Bernhardt entre dans la voie des relâches.

Alors commence à son chevet une procession de médecins.

Ils lui conseillent d'aller à Charlestown : c'est le climat de l'Italie.

Baltimore, Washington, Richmond, sont rayés de son itinéraire, malgré les contrats passés avec ces trois villes.

La débandade se met parmi la troupe.

17 novembre.

Sarah donne à Charlestown une représentation d'*Adrienne Lecouvreur*.

Elle a toujours cette maudite toux qui ne veut pas la quitter; mais enfin, elle tient à jouer quand même, et elle joue !

28 novembre.

Embarquement pour la Havane.

Cette ville absolument nonchalante, la reine des Antilles, oublie d'envoyer ses chefs civils et militaires au devant de Sarah Bernhardt.

Malgré cela, il y a cinquante mille francs de location au théâtre.

Mais il est douteux qu'elle puisse jouer.

De pâle qu'elle était, elle est devenue jaune. C'était un albâtre, c'est à présent une cire.

Ajoutez à cela que la fièvre jaune, ou le vomito, comme on voudra, sévit en ce moment à la Havane.

Pauvre Sarah Bernhardt!

. . . .

*
* *

J'interromps ici et j'abrège cette lamentable odyssée.

Car aussi bien le récit que l'on vient de

lire n'est autre chose que... la narration très fidèle du voyage entrepris naguère par Rachel.

Je n'y ai rien changé, pas plus les titres des pièces que les noms des acteurs.

Je me suis servi simplement des renseignements véridiques fournis par Léon Beauvallet, témoin et acteur de cette mémorable excursion.

Seulement, je me suis contenté de mettre Sarah Bernhardt partout où il y avait Rachel.

Cela suffit pour donner un air étrange d'actualité à ces feuillets.

Le lecteur en tirera la moralité et les prophéties qu'il voudra.

ALPHONSINE

La comédienne Alphonsine a longtemps habité, sur le quai d'Asnières, un petit chalet presque entièrement caché sous les feuilles et les fleurs. C'est là que, tous les dimanches, elle réunissait quelques-uns de ses camarades de théâtre dans un déjeuner dînatoire, — le repas des gens qui jouent le soir. On mangeait en plein air, quand il faisait beau, dans un jardin grand comme un mouchoir de poche. Sur la table, il y avait toujours un petit marteau.

— Qu'est-ce que c'est que cela ? lui demandai-je, lors de ma première visite.

— C'est pour casser du sucre sur nos amis, me répondit Alphonsine.

Mais on cassait peu de sucre dans cette hospitalière et riante maison ! et comme elle se vantait, l'inoffensive comédienne ! Nulle n'avait autant d'esprit qu'elle et nulle n'en usa mieux. L'esprit pétillait dans toute sa personne, dans ses jolis yeux, dans sa bouche fine et serrée. Et, lors de sa première jeunesse, cela avait été une extrême surprise de voir tant de gentillesse au service du genre comique. Jusqu'alors, le genre comique, cela avait été une sorte de difformité, un grand nez, une verrue, une bosse, un teint bourgeonné. Alphonsine vint et, la première, démontra victorieusement qu'on pouvait être comique avec des traits charmants, de blanches épaules, des cheveux blonds et la jambe friponne.

Elle n'eut jamais autant de talent qu'à dix-huit ans et à vingt ans, lors de ses débuts aux Délassements-Comiques. On lui donnait à jouer des vaudevilles d'une fantaisie enragée : *M. Vert-Pomme*, *Adrienne de Cardoville*, la *Débine*, etc., etc. Alphonsine avait le diable au corps sans perdre un pouce de sa grâce. Théophile Gautier parla d'elle avec enthousiasme dans son feuilleton, et à diverses reprises. Plus tard, sans doute, son jeu acquit plus de certitude, dans *M. Alphonse*, dans l'*Homme n'est pas parfait;* mais ce n'était plus la tempête des jeunes années.

Au chalet d'Asnières, Alphonsine menait

la vie d'une bonne bourgeoise. Elle avait pourtant conservé quelque chose de ses allures fantasques d'autrefois. Lorsque, par exemple, la pluie chassait du jardin ses invités et les faisait se réfugier au salon, c'était sa cuisinière qui tenait le piano.

— Élisa, ma fille, disait Alphonsine, ôtez votre tablier et jouez-nous quelque chose...

Et tout le monde écoutait gravement.

Quel mépris du piano !

LARGESSES DE SOUVERAIN

J'entends le Souverain qui est mort à Nice, Hippolyte Souverain, le libraire-éditeur.

Tout le Paris écrivain l'a connu : — un petit vieux très alerte, encore rose, au sourire très fin.

Il passait pour être assez *dur à la détente*, comme on dit familièrement. Jules Lecomte a raconté quelles peines ils eurent, lui et Alphonse Karr, à lui arracher une somme de cinq cents francs, un jour de carnaval.

Ce jour-là, Jules Lecomte était monté par hasard chez l'auteur de *Sous les tilleuls*, qui demeurait alors à un *septième* étage de la rue Vivienne. Il le trouvait singulièrement soucieux et étendu tout de son long sur un divan, dans la pose bien connue de l'homme découragé.

— Qu'avez-vous ? lui demanda Jules Lecomte.

— Demandez-moi plutôt ce que je n'ai pas, répondit Alphonse Karr..... trois cents francs qu'il me faudrait aujourd'hui !

— Pourquoi faire ?

— Pour payer un billet, d'abord... et ensuite pour conduire au bal des Variétés cette petite marchande de gants d'en face.

— Diable ! et vous n'avez rien ?

— Dans mes poches, rien; dans mes tiroirs, rien non plus.

— Alors, cherchons dans... notre imagination.

Alphonse Karr hocha mélancoliquement la tête.

— Voyons, dit Jules Lecomte, vous avez publié çà et là des nouvelles, dans la *Revue de Paris*, dans l'*Artiste* ?

— Oui.

— Faites-en un paquet, et allons chez mon éditeur Souverain.

Mais la journée était déjà avancée. Souverain n'était plus chez lui. On indiqua aux deux amis le restaurant où il prenait ses repas. Ils y coururent, et ils l'y trouvèrent en effet, — face à face avec un fricandeau.

Jules Lecomte présenta Alphonse Karr à l'éditeur, qui s'inclina poliment. Ensuite, il expliqua l'*affaire* : une demi-douzaine de nouvelles délicieuses, destinées à former un volume ravissant, d'une vente infaillible. Et tout cela pour combien ? pour la bagatelle de cinq cents francs !

Souverain écoutait en mangeant.

— Eh bien ! dit-il, nous verrons cela dans quelques jours.

— Ah ! non, répliqua Jules Lecomte, c'est tout de suite que nous voulons traiter... nous sommes pressés.

— Mais enfin je voudrais pourtant bien connaître ce que vous me proposez d'acheter !

— On vous l'a dit. Si cela ne vous convient pas, nous nous rendons chez Gosselin... Charles Gosselin... qui a fait trois éditions de *Sous les tilleuls,* et qui sera enchanté...

— Laissez-moi prendre ma demi-tasse, au moins... Ensuite, nous irons chez moi... Vous dites trois cents francs, n'est-ce pas ?

— Non, cinq cents.

« Un quart d'heure après, raconte Jules Lecomte, nous étions rue des Beaux-Arts, dans ce petit entre-sol que Frédéric Soulié, Alphonse Brot, Paul de Kock, Emile Souvestre et tant d'autres connaissaient bien, — pour y avoir beaucoup espéré et infiniment attendu, — et où Balzac devait bientôt venir à son tour passer de longues heures de comique éloquence. »

Souverain avait pris dans son secrétaire un papier timbré.

— Nous disons quatre cents francs, murmura-t-il.

— Non, cinq cents !... On aurait dû vous en demander six cents... et même sept cents... Mais la nécessité !

— Je vais vous faire mon billet à trois mois.

— Jamais de la vie ! s'écria Jules Lecomte ; c'est de l'argent comptant qu'il nous faut.

— Je ne paye jamais qu'en billets, dit fermement l'éditeur.

— Allons chez Gosselin, fit Alphonse Karr, impatienté.

Les deux amis se levèrent.

— Attendez ! dit Souverain ; il y aurait peut-être un moyen de nous arranger...

— Lequel ?

— Ce serait, mon billet fait, de... de vous l'escompter moi-même.

— Accepté !

Hippolyte Souverain fit ses calculs... Trois mois d'intérêt à six pour cent l'an... plus la commission...

Et il mit le restant en belles pièces d'or dans la main d'Alphonse Karr.

— Ouf ! enfin ! s'écria celui-ci.

Les deux amis prirent congé.

Ils n'avaient pas commencé à descendre l'escalier que Souverain rouvrait sa porte.

— J'ai, je crois, oublié quelque chose...

— Ah ! oui, dit Alphonse Karr, vous avez oublié de porter en compte votre dîner.

LES COIFFEURS

A-t-on jamais songé à la perturbation singulière qu'amènerait à Paris une grève des coiffeurs ?

La physionomie de la population en serait profondément transformée, et la plupart de nos contemporains redeviendraient chevelus et barbus comme les anciens Gaulois, car il y a un nombre considérable de gens qui ne savent pas se raser.

Pour beaucoup, la visite quotidienne au coiffeur est une habitude. On va chez Lespès comme on irait au café. Plus qu'en aucun temps les coiffeurs sont aujourd'hui indispensables.

Ces honorables industriels ont raison de s'intituler *artistes;* leur profession exige plus que toute autre la bonne humeur, la légèreté dans les gestes et dans les propos. Un client que l'on cloue dans un fauteuil, la tête renversée, le cou serré par une serviette, à qui l'on fourre de l'écume de savon dans la bouche et dans les narines; sous les yeux duquel on fait voltiger pendant dix minutes un acier éblouissant, — ce client a évidemment besoin d'être distrait, les plus simples notions d'humanité l'indiquent. Aussi, même dans la plus haute antiquité, les coiffeurs ont-ils toujours passé pour des gazettes vivantes.

Je relisais tout à l'heure le *Caligula* d'Alexandre Dumas, ce drame si curieux, si exact, et cependant si coloré. Il y a, au premier acte, une scène qui se passe tout entière chez un barbier, à l'enseigne de *Bibulus, tonsor*. Ce sont de jeunes et élégants Romains que l'auteur fait parler.

LÉPIDUS

..... Allons-nous
Nous faire coiffer ?

ANNIUS
Soit.

BIBULUS

                Maîtres, je suis à vous.
Un instant seulement pour ranger ma boutique.
Mettons les fers au feu, voilà de la pratique.

LEPIDUS, *écartant la main de l'esclave qui veut lui mettre du linge autour du cou.*
Bibulus, donne-moi la pince et le miroir,
Et je m'épilerai moi-même.

BIBULUS

            Sans rasoir?

LEPIDUS

Sans rasoir. C'est très bien.

BIBULUS

                Quel mode de coiffure
Veux-tu faire donner, maître, à ta chevelure?

LEPIDUS

Je veux que sur l'épaule elle tombe en anneaux.

BIBULUS, *à l'esclave coiffeur.*

Tu comprends?

ANNIUS

          N'as-tu pas les *Actes diurnaux*?

BIBULUS

Oui seigneur.

LEPIDUS, *s'épilant.*

  C'est très bien; fais-nous en la lecture.

. . . .

Le quinze de janvier..... Ils ont déjà cinq jours!

Rien ne manque à la scène, comme on voit : les fers au feu, la serviette au cou, le rasoir, et même le journal. Entre jadis et aujourd'hui, il n'y a aucune différence.

Il faut bien des qualités pour faire un bon coiffeur, — j'entends un coiffeur complet, dans l'action du mot la plus étendue. Certes, ce n'est pas un art médiocre que de causer, ou plutôt de monologuer, devant le premier venu, sans froisser ses goûts, ses opinions, — sans le couper, surtout !

Beaumarchais savait bien ce qu'il faisait en choisissant un coiffeur comme incarnation de la vivacité et de la gaieté. Mais quel joli coiffeur que le sien ! Tout un siècle en a raffolé. Célèbre sous la plume de Beaumarchais, Figaro est devenu épique sous la lyre de Mozart et de Rossini. Quant à nous autres Français, nous nous sommes si bien assimilé ce type que les Anglais, dans leurs comédies et dans leurs caricatures, nous représentent uniformément comme un peuple de perruquiers — et de maîtres de danse. Autrefois, il y a soixante-dix ans environ, un bon mélodrame, c'est-à-dire un mélodrame de Pelletier-Volmérange ou de Guilbert de Pixérécourt, ne pouvait pas plus se passer d'un perruquier que d'un traître ; c'était l'élément comique par excellence, — et habituellement le perruquier était Gascon ; double motif d'hilarité ! Il s'appelait d'un nom en *ac* : Croustignac ou Destaillandac. Il marchait sur la pointe du pied, saluait très bas et pirouettait.

Quelque temps plus tard, un vaudeville de Scribe, *le Coiffeur et le Perruquier*, précisa la période de transition et de démarcation. Les mots font leur temps et vieillissent comme les individus. — Comment s'appelleront les coiffeurs en 1986 ?

De quelque nom qu'il les nomme, le théâtre contemporain est souvent allé demander ses succès à la vie publique ou privée des artistes capillaires. Je me souviens d'un drame joué par Frédérick-Lemaître, le *Barbier du roi d'Aragon*, fait pour une seule scène et pour cette seule situation : — Le barbier coupera-t-il le cou au roi ?...

Je me souviens aussi d'*Un bal du grand Monde*, dont le héros était un coiffeur représenté par Arnal ; et puis encore du *Perruquier de la Régence*, un opéra, — de *Léonard*, une comédie, — et enfin d'un vaudeville en trois actes, *les Coiffeurs,* joués aux Variétés.

L'INVENTEUR DE LA LOTERIE

On a raconté bien des histoires sur les origines de la loterie en France.

Mais la plus divertissante, la plus étonnante, la plus originale, la plus invraisemblable, est sans contredit celle que l'aventurier Casanova a racontée dans ses Mémoires.

On sait qu'après son évasion miraculeuse des Plombs de Venise, Casanova n'eut rien de plus pressé que de quitter l'Italie. Il ne s'arrêta qu'à Paris, — où il arriva le soir de la tentative d'assassinat de Damiens sur Louis XV.

Casanova n'avait ni sou ni maille, mais il avait de belles relations, Il avait connu d'une façon assez particulière l'abbé de Bernis, alors qu'il était ambassadeur à Venise.

Il lui écrivit pour se rappeler à son souvenir et lui demander une audience, qui lui fut immédiatement accordée. L'abbé de Bernis, devenu ministre et tout puissant, accueillit parfaitement Casanova et se mit à sa disposition.

— Présentez-vous de ma part à M. de Choiseul et au contrôleur général, M. de Boulogne. Vous serez bien reçu. Avec un peu de tête, vous pourrez tirer bon parti de ce dernier. Tâchez d'inventer quelque chose d'utile à la recette royale, en évitant les complications et les chimères... et revenez me voir, mon cher ami.

Là-dessus le ministre, de l'air le plus gracieux du monde, mit un rouleau de cent louis dans la main de Casanova.

Celui-ci le quitta très reconnaissant et très satisfait, mais fort embarrassé d'imaginer des moyens pour augmenter les revenus du roi.

Il n'avait jamais eu la moindre idée en matière de finances. Il savait à fond l'art de dépenser de l'argent, mais il ignorait absolument l'art d'en découvrir.

Après s'être creusé la tête pendant plusieurs jours et n'avoir abouti qu'à des impôts vexatoires ou absurdes, Casanova se rendit chez M. de Choiseul.

Son évasion l'avait rendu célèbre; il était reçu partout avec curiosité.

— Voyez à quoi je puis vous être utile,

monsieur Casanova, lui dit l'Excellence en se faisant coiffer.

Chez M. de Boulogne, la réception fut plus significative. Le contrôleur général commença par le complimenter sur l'estime dans laquelle le tenait M. de Bernis et sur le cas qu'il faisait de ses aptitudes financières.

Casanova ouvrait de grand yeux.

— Communiquez-moi vos vues, lui dit M. de Boulogne, soit de vive voix, soit par écrit; vous me trouverez prêt à saisir vos idées.

Et se tournant vers un troisième personnage qui n'avait pas encore ouvert la bouche :

— Voici M. Paris du Vernai qui a besoin de vingt millions pour son école militaire. Il s'agit de trouver cette somme sans charger l'Etat et sans vider le Trésor.

— Vingt millions ! répéta machinalement Casanova, sans paraître s'apercevoir que ces paroles lui étaient adressées; il n'y a qu'un dieu qui ait le pouvoir créateur.

— Je ne suis pas un dieu, dit M. du Vernai en souriant, et cependant j'ai quelquefois créé.

— Tout est devenu plus difficile, balbutia Casanova.

— *Nous savons à quoi vous pensez*, reprit M. du Vernai en attachant ses yeux sur lui.

— Cela m'étonnerait beaucoup.

— Si vous n'êtes pas engagé ailleurs, faites-moi l'honneur de venir dîner demain avec moi; *je vous montrerai votre projet.*

— Mon projet !

— Il est beau, mais entouré de grandes difficultés. Malgré cela, nous en causerons... nous verrons... Viendrez-vous ?

— J'aurai cet honneur.

Pour le coup, Casanova sortit en chancelant.

Il se dirigea vers le jardin des Tuileries, car il avait besoin d'air.

On lui demandait vingt millions à lui, qui

devait déjà quinze jours de logement au propriétaire de son hôtel garni !

Le lendemain, il sonnait à la porte de M. du Vernai, de ce grand financier qui avait sauvé la France du gouffre où le système de Law l'avait plongé. Il le trouva entouré de sept ou huit personnes de qualité et de quatre intendants des finances.

Après le dîner, M. Paris du Vernai entraîna Casanova dans une chambre voisine et lui présenta un cahier in-folio en lui disant :

— Monsieur Casanova, voilà votre projet.

Casanova, vivement intrigué, prit le cahier et lut en tête : *Loterie de quatre-vingt-dix billets, dont les lots, tirés au sort une fois par mois, ne pourront tomber que sur cinq numéros, etc., etc.*

Il avait eu le temps de reprendre son assurance, et il répondit à M. du Vernai avec le plus grand sang-froid.

— Monsieur, j'avoue que c'est là mon projet.

— Eh bien, monsieur, vous vous êtes rencontré avec M. de Casalbigi... que voilà.

Un autre Italien.

Casanova ne perdit pas pied une seule minute.

— Je suis ravi de savoir que monsieur pense comme moi, dit-il en se tournant vers son compatriote.

Celui-ci s'inclina d'un air tout à fait affable en répondant qu'il tiendrait à honneur de faire plus ample connaissance.

Rassuré de ce côté, Casanova se lança hardiment dans la discussion.

— Oserais-je vous demander, dit-il à M. du Vernai, pourquoi vous semblez hésiter à adopter *notre* projet?

— Ah! ah! on allègue plusieurs raisons.

— Je n'en vois qu'une: c'est que le roi ne voulut point permettre à ses sujets de jouer.

— Le roi permettra à ses sujets de jouer tant qu'ils voudront ; mais joueront-ils ?

— Je m'étonne qu'on puisse en douter, pourvu que les gagnants soient certains d'être payés.

— Comment faire les fonds ?

— Rien de plus simple : trésor royal, décret du conseil. Il suffit que la nation suppose que le roi est en état de payer cent millions.

— Cent millions ! s'écria M. du Vernai avec un haut-le-corps.

— Eh oui, monsieur, poursuivit Casanova ne s'arrêtant plus ; ne faut-il pas éblouir ? Cela n'est d'ailleurs qu'une supposition ; entre la possibilité et la réalité, il y a l'infini. Je démontrerai devant tous les mathématiciens de l'Europe que, Dieu étant neutre, il est impossible que le roi ne gagne pas un sur cinq à cette loterie. Voyez comme les chambres d'assurances sont toutes riches et florissantes, et comme elles se moquent des têtes faibles qui redoutaient leur création !

M. du Vernai l'écoutait avec attention.

— Répéteriez-vous ces choses en plein conseil? lui demanda-t-il.

— Assurément.

— Eh bien, rendez-vous à l'Ecole militaire.

— Unissons-nous, dit M. de Casalbigi en tendant affectueusement la main à Casanova.

A l'École militaire, Casanova parla devant d'Alembert. Il fut éloquent et enleva la partie.

Entre temps, il avait revu l'abbé de Bernis, qui l'avait présenté à la marquise de Pompadour. Tout lui souriait.

Le décret du conseil parut enfin. Casanova fut largement récompensé, à l'égal de l'inventeur, de Casalbigi.

Cette fortune lui tombait véritablement du ciel!

Ecoutons-le décrire sa brillante situation:

« On me proposa six bureaux de recette, que je m'empressai d'accepter; plus quatre mille francs de pension sur le produit de la loterie.

« De mes six bureaux, j'en vendis tout de suite cinq, à raison de deux mille francs chaque, et j'ouvris avec luxe le sixième dans la rue Saint-Denis. J'y plaçai mon valet de chambre en qualité de commis.

« Tous les billets gagnants devaient être payés huit jours après le tirage au bureau général de la loterie. Voulant attirer la foule à mon bureau, je fis afficher que tous les billets gagnants signés par moi seraient payés à mon bureau vingt-quatre heures après le tirage. Cela fit que la foule afflua chez moi.

« La première recette générale fut de deux millions, et la régie gagna six cent mille francs. C'était un assez bel avantage pour un début.

« Au second tirage, un terne de quarante mille m'obligea d'emprunter de l'argent, bien que ma recette eût été de soixante mille ; mais obligé de consigner ma caisse la veille du tirage, je ne pouvais payer que de mes propres fonds, et je n'étais remboursé que huit jours après.

« Dans toutes les grandes maisons où j'allais, et aux foyers des théâtres, dès qu'on me voyait, tout le monde me donnait de l'argent, en me priant de le placer comme je voudrais, car peu de gens comprenaient encore quelque chose à ce jeu. Cela me fit prendre l'habitude de porter sur moi des billets de tous les prix, que j'offrais à choisir; je retournais chaque soir chez moi les poches pleines d'or... »

N'est-ce pas un amusant exemple de l'homme enrichi par hasard?

Et voilà comment, en 1757, Casanova le Vénitien, Casanova l'aventurier, Casanova le frère du peintre de batailles, inventa la loterie sans le savoir.

VAGABONDAGES

A NOGENT

Qui ne connaît Nogent, ce joli village affectionné particulièrement des comédiens, qui y ont construit plusieurs chalets? Par un jour de beau temps, un voyage à Nogent est une distraction charmante. Si ce jour est un dimanche, n'en soyez point effarouché; c'est toujours dans une certaine mesure que la foule se répand à Nogent, et elle ne ressemble point aux autres foules. C'est encore une foule de comédie.

Les canotiers y ont le verbe plus discret qu'à Asnières. Les tonnelles y enferment plus d'amoureux que d'ivrognes.

On sait que Watteau, le peintre des Fêtes galantes, qui se connaissait en paysages.

a passé les derniers temps de sa vie à Nogent, où M. Le Fèvre, intendant des Menus, lui avait prêté sa maison. Mais ce qu'on sait moins, ce sont les excellents rapports qui s'étaient établis entre Watteau et le curé de Nogent. Ces deux hommes n'avaient pas tardé à devenir indispensables l'un à l'autre, — peut-être justement parce qu'ils étaient absolument dissemblables de corps et d'esprit.

Le curé était gros et réjoui ; un vrai curé de fabliau et de conte. Le peintre était maigre et morose, un caractère inquiet, une raillerie à froid. Aussi les voyait-on sans cesse ensemble. Toutes les fois que le curé de Nogent n'était pas à son église, on était sûr de le rencontrer dans l'atelier de Watteau. Ce n'était pas qu'il ne se scandalisât parfois de la peinture qu'il lui voyait faire, de ces *Embarquements pour Cythère,* de ces *Isles du plaisir* où se presse tout un monde de Colombine, d'Éliante, d'Isabelle.

— Vous vous damnez, maître, lui disait-il souvent ; vous vous damnez à retracer les traits de toutes ces créatures de l'enfer !

— Non, non, répondait Watteau en riant ; ce sont de fort honnêtes personnes, je vous assure, qui s'amusent innocemment.

— Des effrontées à la gorge nue...

— Présent du ciel, monsieur le curé !

— Et ces Léandre, ces Arlequin, ces Lélio, nierez-vous que ce ne soient des sacripants ?

— De glorieux acteurs de la Comédie italienne ! exclamait Watteau.

— Bon ! bon ! posez là vos pinceaux et allons nous promener sur la berge.

— Tout à l'heure, monsieur le curé, j'ai encore ce *Bosquet d'amour* à finir.

— Bosquet d'amour... grommelait le bon prêtre ; bosquet d'amour...

— Tenez, en m'attendant, installez-vous dans ce large fauteuil et lisez-y votre bréviaire.

Le curé lisait d'abord et s'endormait ensuite. C'était Watteau qui était obligé de le réveiller.

— J'ai bien prié pour vous, mon fils, disait le curé de Nogent.

Et l'on allait se promener au bord de l'eau.

A force d'avoir sous les yeux cette bonne face ecclésiastique, une idée folle entra dans le cerveau de Watteau et s'y installa.

— Curé, êtes-vous mon ami ? lui dit-il brusquement un jour.

— N'en doutez pas, répondit celui-ci.

— Alors, vous allez me rendre un service ?

— Avec empressement. Quel genre de service ?

— Il faut que vous posiez pour un des personnages de mon tableau.

Le curé de Nogent gratta son nez rubicond, ce qui le rendit plus rubicond encore.

— Cela me paraît impossible, répondit-il; songez-y donc... mon costume.

— Ce n'est pas de votre costume que j'ai besoin, dit Watteau, je vous en ai préparé un autre bien plus coquet... Essayez-moi cela.

Et il lui tendait une casaque de satin blanc.

Le curé hésitait.

— Passez cette manche... et puis cette autre... disait Watteau en le pressant.

— Mais... je ne me trompe pas... c'est un habit de Gilles.

— De Gilles, en effet.

— Je ne peux pas décemment me prêter à ce travestissement.

— Laissez-vous faire, monsieur le curé... Ne vous êtes-vous pas engagé à me rendre un service ?

— Si mes paroissiens me voyaient ainsi affublé !

— Ils ne vous verront pas ; le verrou est tiré.

Le curé soupira et se résigna.

Le tableau a fait longtemps l'ornement

de la galerie de M. de Julienne, riche amateur.

⁂

Watteau, à quelque temps de là, récompensait généreusement le curé de Nogent.

Il peignait un Christ en croix pour son église.

Ce fut sa dernière œuvre. Il fit passer sur la toile toutes les souffrances qu'il endurait.

— Arrêtez-vous, mon ami, vous vous fatiguez, lui disait quelquefois le curé, qui le regardait peindre avec attendrissement.

— Non, je veux vous faire un chef-d'œuvre! répliquait Watteau.

— Mais vous avez la fièvre.

— C'est excellent pour le travail! Voyez comme cette tête *vient*... Ils diront peut-être qu'elle manque de noblesse; ils ne diront pas qu'elle manque de vérité...

Une fois, en se retournant vivement,

Watteau surprit une larme dans l'œil du curé.

— Eh bien! curé, qu'avez-vous? lui demanda-t-il.

— Ah! s'écria naïvement celui-ci, j'aimais bien mieux le temps où vous me peigniez en Gilles!

Lorsque vous irez à Nogent, allez voir le modeste buste de Watteau.

A LONDRES

Lundi, 7 juin 1879.

Je suis à Londres, comme tout le monde est à Londres. Il y a comme cela des courants auxquels on obéit sans savoir pourquoi.

Mais si, au fait, je sais pourquoi! Je suis

à Londres, non pas pour faire des études comparatives du sherry et du rosbif, non pas pour me joindre au public enthousiaste de Gaiety-Theatre, mais pour m'occuper des intérêts de mes confrères en littérature, pour tâcher d'arracher aux gouvernants et aux législateurs un bout de traité en faveur de nos *produits*, pour essayer de faire consacrer le principe de notre propriété, — toutes choses qui ne sont pas aussi faciles qu'on pourrait le croire.

Londres est très animé en ce moment. Vous n'attendez pas, je suppose, que j'en donne une description. — Les journalistes se logent comme ils peuvent; principalement dans les chambres meublées, ce qui expose quelques-uns d'entre eux, surtout ceux qui ne sont pas familiers avec la langue anglaise, à une foule de petits inconvénients.

Un de mes compatriotes, par exemple, M. Constant Guéroult, le romancier bien connu, a eu, ce matin, toutes les peines du monde à se faire comprendre d'une jeune servante dont il voulait obtenir cette chose pourtant bien simple : du café au lait. Il formule d'abord sa demande négligemment ; la jeune fille demeure immobile, sans répondre, le regardant de ses plus grands yeux. Il répète sa phrase en haussant le ton.

La servante sourit, avise dans un coin les chaussures de Constant Guéroult et les emporte. Il n'a que le temps de la rattraper par un coin de son jupon. Alors il renouvelle sa demande, ou plutôt il la hurle en essayant de donner à sa voix des inflexions britanniques ; il prononce *cofe* et *cofi*, c'est vainement. Il change de système et tente de remplacer la parole par des gestes. Il se tord, il se déhanche, il agite les bras ; il devient de plus en plus incompréhensible, — à ce point qu'à un moment donné la petite servante rougit et se retire.

M. Constant Guéroult ne se décourage pas ; il la suit dans sa cuisine. Là, il croit triompher : il a aperçu des vases de toute sorte ; il désigne une tasse, il la porte à ses lèvres. La jeune fille fait signe qu'elle comprend ; c'est bien heureux ! Mais comme elle pourrait lui servir du bouillon ou du thé, au lieu du café qu'il souhaite, il fait le geste de l'homme qui tourne un moulin.

Ce n'est pas tout ; il lui faut aussi du lait. Dans ce but, il imite le mugissement de la vache. Ici la jeune fille n'y est plus et paraît même effarée. M. Guéroult la rassure et veut pousser sa démonstration jusqu'à la fin ; il prend une casserole, il la pose sur le feu ; il imite le lait qui chauffe, qui bout, qui s'enlève. Il souffle dessus, il feint d'opérer le mélange, il cherche le sucrier.

— Je suis persuadé d'avoir déployé autant de talent que Debureau, me disait-il tout à l'heure, et tout cela en pure perte. La pantomime, qui rend tant de choses, est impuissante à rendre cette pensée : *Mademoiselle, voulez-vous me donner du café au lait ?*

Vite, un cab ! — Faisons une course à travers les rues de Londres. — Il me faut le cab le plus coquet, le plus cambré, le plus peinturluré. Je n'ai que l'embarras du choix. — Le cab est une gaieté qui roule. Avec ses deux compartiments ouverts, on a l'air d'être dans un tryptique.

Mon cab brûle le pavé, c'est-à-dire la boue. Il se précipite, il se faufile, il me fait frémir pour les piétons. Mais j'apprends à me fier aux cochers anglais. — De temps en temps, sans interrompre sa course, le mien ouvre la petite lucarne qui est au-dessus de ma tête et crache sur mon chapeau quelques mots que je ne comprends pas, et auxquels je réponds par le fatidique *All right*, la base de la langue.

Nous descendons Regent Street, et nous nous dirigeons vers Trafalgar. M. l'amiral Nelson est droit juché sur sa colonne, correctement coiffé, en bel uniforme. Il a l'air d'un brave homme autant que d'un héros. — Bonjour, monsieur l'amiral! Vous eûtes un cœur facilement inflammable, et l'on nomme deux beaux yeux qui vous ont distrait quelquefois du canon.

All right! — Nous galopons sur des quais tout neufs, plantés d'arbres qui ne demandent qu'à grandir. — Où est le temps où les vieilles maisons descendaient jusque sur le bord de la Tamise ?

Au Strand ! au Strand ! — Le fourmillement humain est indescriptible ici. Passants, chevaux, voitures, y vivent, y circulent dans une douce familiarité. — A travers cette foule affairée se promènent tranquillement des hommes portant par derrière et par devant de grandes affiches qui les font ressembler à des sandwichs.

Je salue de la main Jean Aicard, ce qui m'est un indice que Gaiety-Theatre n'est pas loin. — Le voici, en effet, avec son architecture de pièce montée. — Gaiety-Theatre est à côté d'un autre théâtre, le Lyceum, où

M. Henry Irving joue *Hamlet*, non sans succès.

Encore quelques tours de roue, et je suis arrivé au but de ma course. — Le but de ma course, ne le devinez-vous pas ? C'est la *ruelle aux libraires*, dont j'ai oublié le nom, mais qui est située près d'une église. — J'ai retrouvé à Londres les bouquinistes de Paris. *All right* !

*
* *

La maison meublée où un de mes amis m'a installé est située dans Piccadilly. Elle participe particulièrement d'une prison. Elle en a l'architecture et le silence ; elle est rébarbative et elle est muette. Si elle est habitée, ce ne peut être que par des fantômes ou par des êtres relevant d'une humanité particulière. Depuis sept jours, je n'y ai de rapports qu'avec un domestique anglais et absolument taciturne, qui d'ailleurs ne sait pas un mot de français. Pas un, pas un. Nous nous inspirons une mutuelle commisération.

Tous les matins régulièrement, à sept heures, ce domestique m'apporte une urne d'eau chaude. Je le laisse faire. J'écris pendant quelques heures, et je sors pour aller prendre des aliments. Il ne m'est jamais arrivé de rencontrer âme qui vive dans l'escalier. Cependant, les propriétaires occupent le rez-de-chaussée et le sous-sol, à ce qu'on m'a affirmé, mais ils se tiennent hermétiquement clos. Pour entrer et sortir, j'ai un passe-partout. A toute heure de nuit, je trouve mon bougeoir posé sur une tablette, à côté d'un petit jet de gaz.

Un autre que moi aurait quitté vingt fois ce logis mélancolique. Mais moi, je ne suis pas comme les autres. Ce mystère m'intrigue et me retient.

Avant-hier cependant, un doute vint m'oppresser. J'attendais des nouvelles de Paris qui ne m'arrivaient pas. Etait-il certain qu'on reçût dans cette maison les lettres qui m'y étaient adressées ? — J'avais bien, en emménageant, donné ma carte au domestique ; mais ce serviteur flegmatique l'avait reçue d'un air indifférent et fourrée dans son tablier, où elle était peut-être encore.

Je résolus d'en avoir le cœur net. Je m'écrivis à moi-même n'importe quoi, deux lignes, les premières qui se formèrent au bout de ma plume :

« *A toi ma bonne vieille!*

« Lord Byron. »

Puis, je cachetai, je mis mon adresse et j'allai jeter ma lettre dans une de ces bornes de fonte peintes en rouge qui sont espacées de quartier en quartier.

Deux heures après, rentrant chez moi, je trouvai ma lettre sur ma table.

J'avais calomnié mes hôtes invisibles.

*
* *

Jules Vallès me raconte ses rapports d'autrefois avec Paul de Saint-Victor.

C'était au temps où il avait fondé le journal *la Rue*, un journal étonnant, où l'on reconduisait les gloires classiques à grands coups de pied, — et où un registre était ouvert jour et nuit, dans les bureaux de la rédaction, pour recevoir les signatures de tous ceux qu'*embêtait* le *Misanthrope*.

L'exécution de Molière ne suffisant pas à son humeur farouche, Jules Vallès remonta plus haut et s'attaqua à Homère le divin. Il traita l'auteur de l'*Iliade* de Quinze-Vingts, et alla jusqu'à l'appeler *vieux Patachon*, en souvenir des *Deux Aveugles.* La stupeur fut unanime dans Paris, le *tolle* général.

Paul de Saint-Victor s'émut sur son fond d'or, et, d'une main tremblante d'indignation, il écrivit à Vallès une lettre dont voici à peu près le sens : « Je vous avais pris jusqu'à présent pour un honnête homme. Il n'y a plus désormais rien de commun entre vous et moi. »

*
* *

Les deux personnages des temps modernes qui ont été le mieux reçus à Londres sont Garibaldi et Nadar.

L'Angleterre s'éprend facilement des dominateurs, quels qu'ils soient.

J'admets que Nadar est plutôt un charmeur qu'un dominateur. Mais il s'impose à sa manière. Ses yeux dilatés par une curiosité excessive, sa chevelure arrachée à des rayons du soleil, ses jambes qui n'en finissent pas, arrêtées seulement par sa cravate, — tout le dénonce immédiatement aux foules, soudainement domptées.

Lors de son voyage à Londres, il n'eut qu'à se montrer au sortir du chemin de fer ; il était sur-le-champ porté en triomphe jusqu'à Haymarket. Le lendemain, tous les clubs et tous les palais s'ouvraient devant lui. Les femmes s'empressaient sur ses pas ; les lords lui brisaient le bras droit à force de poignées de main vigoureuses et saccadées.

La légende de Nadar est encore vivante à Londres, à l'heure qu'il est.

* * *

Voici le carton que j'ai reçu :

« BOROUGH OF STRATFORD-ON-AVON.

« The Mayor request the honour of the company of Charles Monselet, member of the International Literary Congress,

« At luncheon at the Town Hall, Stratford-on-Avon, on Monday, June 16th, at Two o'clock.

« R. S. V. P. »

Cela veut dire que l'honorable maire de Stratford-sur-Avon invite les membres du Congrès littéraire à un pèlerinage à la maison natale de Shakspeare.

Le lunch promis ne gâtera rien au pèlerinage.

On sait que Stratford-sur-Avon est situé dans une des parties les plus ravissantes de l'Angleterre, au milieu d'un paysage sans rival parmi les plus belles contrées de l'Europe.

Donc, à lundi.

* * *

« Comment l'*Estudiantina* fut prise pour la Comédie-Française par un spectateur candide, à une soirée de Hanover Square Club. »

Ainsi pourrait être intitulé ce paragraphe.

C'était hier samedi. Le très courtois président du club avait invité, en dehors des membres du Congrès littéraire international, un certain nombre de notabilités artistiques, et principalement la Comédie-Française.

Got, Mounet-Sully, Coquelin avaient promis de venir après la représentation du *Sphinx*. Ils y vinrent en effet, mais ils furent précédés par la société musicale de l'*Estudiantina*.

Ces étranges compagnons, qu'on dirait

habillés par Fortuny, s'étaient rangés en cercle dans la salle du concert.

Avant qu'ils eussent commencé de gratter leurs guitares, un monsieur de l'aspect le plus timide, qui, depuis quelques instants, rôdait autour de moi, se décida à m'adresser la parole.

— Pardon, monsieur... vous êtes Français ?

— Oui, monsieur. Est-ce que cela se voit ?

— Un peu.

— Et vous, monsieur ? lui demandai-je.

— Je suis... (On me permettra de taire la nationalité de ce naïf quidam.)

La glace était rompue. Il continua :

— C'est bien la Comédie-Française que voici ?

— Pouvez-vous en douter ?

— Je ne m'explique pas cette uniformité de costumes.

— Ils viennent probablement de jouer le *Barbier de Séville*, répondis-je.

— Ah! c'est cela... Voulez-vous me montrer M. Got?

— Volontiers. C'est ce gros qui est dans le coin.

— Il fait Bartholo, sans doute.

— Précisément.

— Et celui-ci, dont les sourcils sont si épais?

— C'est M. Thiron.

— Ah!

Décidément, ce monsieur aurait pu jouer le monsieur au sonnet de la *Vie de bohème*.

Il reprit au bout d'un moment:

— Encore une question, s'il vous plaît, monsieur?

— Je suis à votre service.

— Pourquoi cette petite cuiller en ivoire à leur chapeau?

— C'est pour indiquer d'une manière délicate qu'ils comptent bien sur un souper à la fin de la soirée.

— Ces comédiens! toujours les mêmes... Je ne vois pas Mlle Croisette.

— Ni moi non plus... mais, si vous y tenez, je m'en vais vous la chercher, répondis-je en m'esquivant.

*
* *

Ainsi que je l'ai annoncé, nous sommes allés hier lundi, une cinquantaine environ, à Stratford-sur-Avon, berceau et tombeau de Shakspeare.

Parmi ces fervents des lettres, on remarquait : MM. Blanchard Jerrold, Frédéric Thomas, Louis Simonin, Nordmann, Jules Claretie, Mario Proth, Robert Halt, Louis Depret, Jules Lermina, Torrès-Caïcedo, Alphonse Pagès, Santa-Anna Néry, de Fonseca, etc., etc.

Stratford-sur-Avon est une petite ville à trois heures de Londres; elle apparaît mignonne et rougeâtre au milieu des plus gras et des plus verdoyants pâturages qu'on puisse rêver, — si tant est qu'on rêve quelquefois de pâturages.

Partis à dix heures du matin, nous arrivons à une heure à Stratford. Dès les premiers pas, on s'aperçoit qu'on est chez Shakspeare. Tout y célèbre sa gloire : les noms des rues, les enseignes des magasins, les photographies dans les vitrines. — Un marchand de porcelaines est en train de faire fortune en débitant des bustes de Shakspeare; il en a de toutes les grandeurs; les plus petits, en pâte coloriée, sont les plus amusants.

M. le maire de Stratford nous attendait à l'Hôtel de Ville. Il nous a reçus dans sa belle robe officielle à grandes manches, passée par-dessus son habit; robe longue, bleue avec des ornements de velours et des glands de soie. Ce costume lui sied fort bien, car c'est un homme de la plus haute taille, parfaitement avenant. Il nous a accompagnés et guidés dans notre visite à la maison natale de

Shakspeare, et dans l'église où ses cendres reposent.

La gravure, la lithographie, surtout les recueils illustrés ont popularisé la maison rustique où s'éveilla pour la première fois celui que Victor Hugo a appelé le *grand Anglais*. Elle est bien modeste, mais bien curieuse. La sollicitude tardivement éveillée des admirateurs de Shakspeare en a fait un petit musée en y rassemblant le plus de documents possible : — portraits, autographes, éditions originales, objets intimes.

L'église de la Trinity est adorablement située, au centre d'un paysage bordé par la jolie rivière de l'Avon. On y arrive par une avenue d'arbres qui forment un berceau du plus poétique effet. A droite et à gauche, les pierres du cimetière à demi disparues dans l'herbe épaisse. Le soleil mettait sa magie sur ce chemin au moment où nous le traversions.

Shakspeare a son buste à mi-corps encastré dans la muraille de l'église, tout près l'autel. Cette effigie passe pour une des plus ressemblantes. Il y a un peu de l'œuf à la coque dans la conformation de la tête de Shakspeare. Le caractère dominant de sa physionomie est la placidité; l'observation ne vient qu'après. — N'adoptez qu'avec une extrême réserve les Shakspeare romantiques de certains peintres modernes.

*
* *

Je dirai un mot du lunch offert par M. le maire de Stratford au Congrès littéraire. En voici le menu fidèle :

STRATFORD-ON-AVON
Town Hall
June 16, 1879
—

LUNCHEON
Salmon mayonnaise sauce
Roast beef, Boiled Beef
Roast Lamb
—
Chickens et Tongue, Pigeons pies, Salads
—

12.

  Jellies, Triste, Cheeses Cakes, Tipsey Cakes
      l Cheese
 Wines : Claret, Pauillac, Hock, Rudesheim
     Champagne, Gieslers

Ce n'est pas mal pour une ville de huit mille âmes, n'est-ce pas ? Aussi le repas a-t-il été d'un bout à l'autre des plus animés et des plus charmants. M. le maire, M. Frédéric Thomas, M. Blanchard Jerrold et M. Jules Claretie ont tour à tour pris la parole. — Moi-même, j'ai dû improviser quelques vers sur un coin de la nappe. Que l'Angleterre me pardonne!

Les voici :

  Salut à vous, monsieur le maire !
  Merci de votre brave accueil !
  Le vin est bon, la salle est claire,
  La gaîté rit à votre seuil.

  De chants joyeux et de rasades
  Vous faites (Falstaff n'est pas mort),
  Comme au temps de ses camarades,
  Un concert au maître qui dort.

  Humble Français, à votre table
  Ou je m'assois en pèlerin,
  Ce voisinage redoutable
  Devrait arrêter mon refrain.

> Mais quoi ! l'on voit sur les hauts marbres
> Les oisillons, tôt repartis,
> Les fleurettes sous les grands arbres ;
> Et Shakspeare aimait les petits.

Les heures ont passé vite dans cette excursion. A onze heures seulement, nous étions de retour à Londres, station de Paddington.

A BRUXELLES

J'étais, il y a quelques jours, à Bruxelles, comme un simple caissier fantaisiste, allant, venant, baguenaudant, musant à tous les carrefours et aux moindres détails d'une ville que j'aime pour plusieurs motifs : d'abord parce qu'elle est la plus proche capitale de l'étranger; ensuite parce qu'elle a gardé l'amour d'elle-même et de son histoire jusque dans les noms de ses vieilles rues.

Ne souriez pas. Ne croyez pas que ce soit si peu de chose que cela. L'administration de M. Haussemann, qui a démarqué Paris comme elle aurait fait de la chemise d'un mort, a fait là une abominable chose, et une chose antinationale. Elle a tué tout souvenir et toute poésie. Elle a substitué des noms de magistrats contemporains à ces vieilles dénominations si chères et si familières aux Parisiens de souche. Elle a rendu le Marais méconnaissable et le quartier Latin presque grotesque.

Il n'en est pas ainsi de Bruxelles. Ses bourgmestres ont gardé la religion des pierres, qui est une religion comme une autre. Ils n'ont pas voulu débaptiser leurs anciennes rues et suivre la mode, sachant que la mode est une prostituée. Ils ont jugé la vieillesse une chose assez respectable en elle-même pour lui conserver sa marque d'origine, sa couche de rides et jusqu'à son apparence de ridicule. Ils ont eu raison. Où en serions-nous si nous nous avisions d'attifer nos grand'mères avec les costumes nouveaux ?

Je conviens que les bons Bruxellois n'ont pas toujours fait preuve d'une grande richesse d'imagination dans leur rôle de parrains. Aux grâces de l'étiquette ils ont préféré la vérité. De là ces noms, qui disent bien ce qu'ils veulent dire, et sur lesquels il n'y a pas d'équivoque possible : la rue des Chats, la rue des Chiens, la rue des Rats, — et successivement : de la Chèvre, du Poulet, des Renards, des Moineaux, des Pigeons, des Cailles, des Faisans, des Hirondelles, des Moucherons, du Pélican, de la Cigogne, du Coq-d'Inde, du Faucon, du Vautour, du Singe, du Cerf, de la Grenouille, de la Tortue. Toute l'histoire naturelle !

Le règne végétal a donné les rues des Choux, des Navets, des Radis, du Houblon, du Persil, du Pépin, de la Paille, de l'Avoine, de l'Artichaut, de l'Abricot, des Cerises, du Poivre.

Il y a des tentatives d'idylle dans les rues des Lilas, des Roses, des Œillets, du Rossignol, du Chant-d'Oiseau, du Bois-Sauvage, du Berger, de la Bergère, de la Violette, de la Tulipe, de la Volière, du Chêne, du Marronnier, du Peuplier, de l'Olivier, du Cyprès, de l'Étang, de l'Étoile, du Moulin, de la Rivière, du Ruisseau, de la Chaumière, de la Ferme, de la Colline, de la Prairie, du Marais, de la Grande-Ile.

L'industrie réclame les rues des Pierres, des Sables, des Briques, des Cendres, du Marteau, de l'Enclume, des Sabots, du Parchemin, de la Plume, de l'Éventail, de la Chaufferette, de la Serrure, du Poinçon, de l'Aiguille, des Épingles, de la Cuiller.

La gastronomie a la rue Chair-et-Pain, la rue au Lait-Battu, la rue au Beurre. Elle avait autrefois le cul-de-sac du Gigot-de-Mouton.

Est-ce la légende ou la fantaisie qui a présidé au baptême de la rue Nuit-et-Jour et de la rue du Nid-de-Chien? Je l'ignore. Au moins, la rue du Chien-Marin rappelle une espèce de phoque amené dans Bruxelles sous Charles-Quint. On est fixé également sur la signification de la rue d'Une-Personne ou d'Un-à-Un; on devine une sorte de boyau où il est impossible de passer deux de front.

L'étymologie de la Salle-Ruelle ne laisse rien non plus à désirer. De même pour la rue de la Puterie. Une rue qui pouvait aller de pair avec celles-ci était autrefois la rue des Trois-Cocus; elle ne possédait à son origine, que trois maisons; lorsqu'elle s'agrandit, elle s'appela simplement rue des Cocus. — Qu'on dise que les Belges ne sont pas facétieux. — Cependant les habitants, quelque pacifiques qu'ils fussent, finirent par s'émouvoir des plaisanteries dont ils étaient l'objet; ils demandèrent un changement de nom pour leur rue, qui s'appelle aujourd'hui la petite rue du Musée.

Tant de naïveté s'explique par le caractère nonchalant des Bruxellois. C'était bien pire alors que les rues portaient des dénominations flamandes qui n'en finissaient pas. La rue aux Choux s'appelait en ce temps-là : *Schuddebek-Straetje,* c'est-à-dire cul-de-sac du Ruisseau brouillé. La rue des Bateaux s'appelait : *Waterschap-Straetje,* c'est-à-dire cul-de-sac de l'Entrée de l'Abreuvoir. Enfin, le cul-de-sac aux Noix s'appelait : *Ongelsoosterd-zilvere-okkernoot-schelpe-Straetje,* — c'est-à-dire cul-de-sac de la Coquille de noix argentée et non écorcée. Quel peuple !

On croit les voir et les entendre, ces lourds et honnêtes Flamands de jadis, ôtant gravement leur pipe de leur bouche et posant sur la table leur gobelet plein de lambick, pour prononcer avec une sage lenteur les noms interminables des rues de leur vieille capitale.

Quand la Belgique tomba au pouvoir de nos armées républicaines, les Français se permirent quelques changements, dont l'irrévérence fit pousser de gros soupirs, savez-vous. Ils nommèrent la rue des Moines rue des *Exclus;* la rue du Grand-Béguinage rue de la *République;* la rue des Douze-Apôtres rue de la *Démocratie;* la rue de Notre-Seigneur rue *Voltaire;* et la rue du Saint-Nom-de-Jésus rue *Mucius-Scævola.*

Les Français sont partis, les vieux noms sont revenus.

La secte des *naturalistes* me permettra de lui mettre sous les yeux un échantillon de littérature... belge, où leur idéal est atteint — et, peut-être, dépassé.

Ce sont quelques extraits d'un petit roman naïf, écrit certainement par quelqu'un du peuple. La nature y est prise sur le fait et parle son langage le plus... bruxellois et ixellois.

Je l'ai acheté boulevard de l'Abattoir, à Bruxelles. Il s'agit des aventures d'un jeune homme appelé Charles, natif de la commune de Corbeck-Loo, près de Louvain. Quoique issu d'une honnête famille de marchands de chiffons, Charles est un mauvais sujet.

A peine a-t-il hérité de la petite fortune paternelle qu'il se met à courir les endroits de dissipation. Bruxelles l'attire tout naturellement. Un ami de *pensionnat*, dont il a fait la rencontre à l'hôtel de la Campine, l'entraîne au spectacle, où il ne tarde pas à s'enthousiasmer pour une danseuse « de premier ordre ».

— Mon cher ami, dit-il à son camarade, cette charmante personne me fait un effet incroyable, mes sens se bouleversent en voyant les poses qu'elle prend alternativement ; croyez-vous qu'il y aurait moyen d'aboutir à mes désirs ?

L'ami le détourne (en belge, toujours) des femmes de théâtre, et lui dit qu'ils auront beaucoup plus de chance avec les femmes de la vie privée.

Ici je laisse la parole à l'auteur, parole

mêlée d'incroyables incidentes, jargon particulier, que reconnaîtront tous ceux qui ont pratiqué la vie de Bruxelles :

« En descendant la montagne de la Cour, ils aperçoivent deux dames très bien mises et belles femmes ; Charles observe à son ami que ces femmes lui font un effet agréable et dit : « Si nous pouvions leur parler, cela serait pour satisfaire mes penchants, mais c'est dommage que ceci est de l'impossible ; eh bien, qu'en dites-vous, mon ami ? »

Je conserve jusqu'à la ponctuation, car tout est à conserver dans ce mirifique récit.

L'ami répond :

« C'est qu'en effet ce sont deux belles femmes ; allons vers elles, voyons à quoi aboutira notre démarche. Après avoir fait une vingtaine de pas, ils se trouvent près de ces femmes, lesquelles se plaisent d'examiner la vitrine d'un magasin de modes. Charles les regarde encore très bien, et de plus en plus en devient enchanté ; son ami, plus hardi, prend la liberté de leurs *(sic)* adresser la parole : la réponse qu'il recevait était l'assurance qu'il en avait bien jugé. »

Du Marivaux flamand !

Les quatre documents humains conviennent d'une petite fête, qui s'organise immédiatement dans une maison de la ruelle Serclas, située au milieu de la rue d'Aremberg. Les deux amis sont enchantés « à cause que les femmes ont le charme de rendre l'homme joyeux ». Maxime éminemment judicieuse !

En sortant de cette maison hospitalière et en se dirigeant vers la rue d'Assaut, le compagnon de Charles, qui a le privilège des remarques frappées au coin du bon sens, fait observer « que cette soiré à coup sûr a été plus agréable *qu'une qu'on passerait avec une artiste,* pour la raison fort simple que les femmes artistes se croyent être au-dessus des hommes ».

Immense !

Quelques jours après, on retrouve Charles dans un salon de danse d'Anvers. Ici se place un portrait de femme sur lequel j'appelle l'attention.

« Dans un moment que pas dix personnes soit hommes ou femmes s'y trouvent (j'admire comment l'auteur ne quitte pas un instant le *présent!*), Charles voit entrer une belle femme aux allures distinguées ; son costume ne fut (?) pas à la mode du jour, mais se composait de soie pâle bleu, façonnée d'après le costume romain (!) ayant une ceinture dont les bouts furent (??) de floches d'une couleurs vives pendaient presque sur ses pieds ; même comme elle avait une belle jambe, je crois qu'elle se plaisait de montrer ce don de la nature aux amateurs. »

Je m'arrête là, et je garde égoïstement le reste pour moi.

Mais n'ai-je pas raison de dire que les naturalistes français sont dépassés... *pour une fois.*

A DUNKERQUE

Tout m'accable à la fois ! Voici une lettre que je reçois de Dunkerque :

13 septembre.

Monsieur Charles Monselet, à Paris.

« Je crois vous rendre service en vous avertissant que votre maisonnette située à Rosendaël, près de Dunkerque, est livrée au pillage.

« La porte en est ouverte à tous les vents ; les gamins la démolissent brique à brique, et les maraudeurs ont été jusqu'à casser la pompe pour en vendre le plomb.

« Voyant cet abandon, j'en conclus facilement que vous n'avez pas l'intention d'y revenir, etc., etc. »

⁎⁎⁎

Ma pauvre maisonnette !

Etait-ce bien une maisonnette ? — C'était plutôt un chalet. L'architecte Colibert l'avait bâti tout exprès pour moi en même temps que le Casino.

Un modeste chalet, cela va sans dire ; mais bien découpé, mignon, entouré de quelques arbres, avec un jardin grand comme la main, où les fleurs auraient facilement poussé, — si j'avais voulu.

Et quelle adorable situation ! au beau milieu des dunes blanches, sèches et poudroyantes, —dominant la mer, une mer incomparable où le nord fait souvent sentir sa furie. A quelque pas, protégé je ne sais comment du vent et des flots, un village miraculeux, le

Rosendaël, c'est-à-dire le *Jardin des Roses*; une oasis dans le sable. J'aurais pu devenir le Saadi de ces roses-là.

Je n'ai habité mon chalet que pendant quelques jours, à deux années d'intervalle. Pourtant j'y avais fait de beaux projets de travail; je crois même que j'y ai commencé un roman, — un roman que j'aurais préféré vivre. Les premiers chapitres en ont été écrits au bruit des violons qui m'arrivaient de Rosendaël, car on danse à Rosendaël, et l'on y boit, et l'on y joue aux boules. C'est un véritable village de kermesse; Karel Dujardin a dû passer par là, si j'en crois ses toiles.

Qu'est-ce qui m'a fait quitter mon châlet et Rosendaël? Quelle cause ou quelle personne? A vrai dire, je ne m'en souviens plus. — Lors de mon second séjour, plus court encore que le premier, les ronces avaient déjà envahi mon enclos; la pluie avait endommagé le toit et était entrée fréquemment par les fenêtres. Des réparations étaient urgentes, je n'en fis aucune ; — j'eus peur de me voir devenu sérieusement propriétaire !

A présent que les gamins se mettent à le démolir, il me semble que je regrette mon châlet. — Ils ont cassé ma pompe, les vauriens ! C'est pourtant vrai que j'avais une pompe ; je n'y peux pas songer sans sourire : je me fais l'effet de Geoffroy, dans la *Cagnotte.*

Comme cela doit être triste, cette porte « ouverte à tous les vents », et ces briques jonchant le sol, toute cette destruction et tout cet abandon ! — Je voulais bien ne pas habiter mon chalet, mais je ne comprends pas qu'on le démolisse, qu'on l'outrage et qu'on s'en rie. Je ne peux pas oublier qu'il y a une partie de moi-même dans ce petit logement qui a eu son heure de coquetterie et son air de jeunesse, et qui a retenti lui aussi des chansons de plusieurs joyeux compagnons. — Jules Bertrand! Hémery! vous vous en souvenez!

En vérité, je ne saurais dire jusqu'à quel point cette lettre m'a rendu chagrin pendant la matinée. — Est-ce que tout s'en va comme cela? — Ils ont cassé ma pompe...

A ERMENONVILLE

Le magnifique domaine d'Ermenonville a été acheté dans ces derniers temps, à la famille Girardin, par la famille Blanc.

Ermenonville est fameux par le séjour qu'y a fait un Génevois atrabilaire du nom de Jean-Jacques-Rousseau. On y voit de nombreuses inscriptions en son honneur, prose et vers. Ses cendres ont reposé pendant quelque temps dans l'île des Peupliers, qui est devenue, par suite, un lieu de pèlerinage pour les Parisiens sensibles et rêveurs.

Mais des réparations sont indispensables dans cette belle propriété, qui est en ce moment livrée aux ouvriers et fermée au public. Adieu le pèlerinage au tombeau de l'*immortel philosophe* comme dirait M. Pruddhomme ! On ne visite plus Ermenonville que sur une permission délivrée par le gérant.

Dernièrement, un abbé sollicita cette permission et l'obtint. Le gérant poussa même la courtoisie jusqu'à l'accompagner et à lui faire les honneurs du parc dans ses moindres détails. M. l'abbé admira tout, s'extasia sur tout, excepté sur les inscriptions dont j'ai parlé.

Lorsqu'il passait devant l'une d'elles qui célébrait Julie et Saint-Preux, ou devant une citation du *Vicaire savoyard*, il fronçait le sourcil et doublait le pas.

Quand M. l'abbé eut tout vu, il remercia

vivement le gérant, lequel lui répondit qu'il avait été trop heureux de se mettre à sa disposition.

— Est-ce bien vrai, monsieur le gérant ?

— N'en doutez pas, monsieur l'abbé.

— Eh bien ! vous pouvez mettre le comble à votre obligeance.

— Comment cela, s'il vous plaît ?

— En me permettant de revenir... de revenir avec quelqu'un.

— Peut-on sans indiscrétion, monsieur l'abbé, vous demander qui ce serait que ce quelqu'un ?

— Oh ! tout simplement un peintre...

— Un peintre ?

— Un peintre en bâtiment... avec un pot de couleur noire et un pinceau.

— Un pot de couleur noire et un pinceau.. Et pourquoi faire, monsieur l'abbé ? demanda le gérant vivement intrigué.

— Pour effacer certaines inscriptions malséantes et qui déshonorent tout à fait un aussi superbe domaine.

— Les inscriptions en l'honneur de Rousseau ?

— Précisément

Le gérant le regarda quelques secondes avec stupeur. Puis, partant d'un éclat de rire :

— Si vous veniez à accomplir cette œuvre pie, monsieur l'abbé, il n'y aurait pas assez de gendarmes dans le pays pour vous reconduire dans votre paroisse.

Où courez-vous, monsieur l'abbé ?...

AU MONT SAINT-MICHEL.

Le Mont-Saint-Michel redevient à la mode, — dans le sens pittoresque du mot.

Le théâtre de l'Ambigu va introduire dans

sa prochaine pièce une vue du Mont-Saint-Michel, avec deux tableaux qui représenteront, l'un les sables mouvants, l'autre la marée montante, — deux décors de grande attraction.

Il n'y aura là rien de nouveau pour moi, mais je reverrai avec un plaisir infini la reproduction d'un des monuments qui ont laissé le plus de trace dans ma mémoire.

J'étais à Granville en même temps que Michelet. — Granville-sur-la-Manche, Granville-la-Patriote, est une petite ville perchée sur un rocher, dont la configuration, du côté de la plage, rappelle vaguement Gibraltar. Granville me plaît, pour les motifs qui font sans doute sa désolation : — c'est la vieille cité normande dans toute sa simplicité primitive et granitique ; ses remparts ont un air sévère, ses escaliers ne plaisantent pas.

Or, par un dimanche du mois de septembre, un train de plaisir, — ou plutôt un *flot* de plaisir, — avait été organisé de Granville au Mont-Saint-Michel-au-péril-de-la-mer (car tel est son nom dans l'histoire). Un paquebot à vapeur me reçut, avec deux cent cinquante passagers environ, arrivés de Coutances, de Saint-Lô, de plus loin peut-être.

A sept heures et demie du matin, le paquebot quittait le bassin, aux sons d'un excellent orchestre de cuivre qu'il emportait à son bord.

Il emportait aussi des femmes à la physionomie et au costume caractéristiques; — qui n'a entendu vanter la beauté des femmes de Granville? Je n'en ai pas vu, pour ma part, autant que j'aurais voulu. Celles que j'ai rencontrées, — comme celles qui garnissaient les secondes du paquebot, — sont grandes et portent une longue cape noire, qui fait encore valoir leur haute taille. Une petite coiffe de mousseline, dont les deux barbes sont repliées et fixées sur la tête, couronne leurs cheveux bruns. Rien de plus léger et de plus gracieux. — On dit que pour bien voir les Granvillaises, il faut se rendre le dimanche à la sortie de la messe.

*
* *

A peine a-t-on dépassé la pointe de Carolles, que le Mont-Saint-Michel apparaît dans le bleu. Il est impossible, à cette distance, de se faire une idée de sa majesté. — Oserai-je avouer que je le comparais tout bas à une énorme brioche? — Un instant après, ses arêtes s'accusant plus compliquées et plus nombreuses, c'était une gigantesque pièce montée...

Peu à peu, cette fantasmagorie burlesque s'effaça pour faire place au plus légitime et au plus profond sentiment d'admiration.

Un écueil cerclé de remparts; — sur cet écueil une ville; — sur cette ville un château; — et enfin, sur ce château, une cathédrale, mais une cathédrale légère, fière, éblouissante, dardant ses aiguilles dans la nue.

Voilà le Mont-Saint-Michel-au-péril-de-la-mer.

⁎⁎⁎

A l'arrivée du vapeur, les remparts étaient déjà couronnés d'une foule d'habitants. D'autres musiques répondaient à notre musique. Ajoutez à cela le pétillement du soleil sur les vêtements de fête, — car ce mois de septembre était d'une clémence éclatante.

Des barques se détachèrent du joyeux rocher et vinrent au devant des passagers. Moi, je restai à bord avec quelques autres personnes, préférant attendre la marée basse et désirant jouir le plus longtemps possible d'un coup d'œil unique. — Déjà du côté d'Avranches et de Pontorson, la mer s'était retirée assez pour permettre aux indigènes de se mettre en route vers le mont, à pied, à cheval, ou en voiture. C'était un bizarre spectacle que cette caravane défilant dans le lointain sur le salle brillant et humide, tandis que près de nous se balançaient encore plusieurs embarcations.

Enfin, je me rendis au mont Saint-Michel, qui comptait deux mille hôtes environ. De rues en rues, d'escaliers en escaliers, de rampes en rampes, je parvins jusqu'à l'ancien couvent, — qui fut trop longtemps une prison d'exécrable mémoire.

Tout était livré aux visiteurs ce jour-là, les profondeurs et les sommets. Il n'y avait plus de gardiens. On avait tout ouvert : les chapelles, la sacristie, la salle des Chevaliers, le cloître, le cellier, le dortoir, les cachots, les souterrains, les oubliettes. La foule allait et venait librement à travers ce dédale de pierre, montait et descendait, s'enfonçait sous une arcade pour reparaître sur une plate-forme, s'arrêtait, se groupait, s'étonnait, s'exclamait, s'apitoyait, s'effrayait, se souvenait, s'indignait, s'irritait !

Quelquefois, d'un corridor sombre débouchaient tout à coup cinq ou six robes claires et autant d'éclats de rire. Sur un autre point, une procession, bannières en tête, serpentait au flanc du rocher. Tout en bas, se tenait le grand parti des buveurs, attablés et causant.

Il fallut la nuit, la nuit close, pour me décider à regagner le steamer. — Les chants recommencèrent sur le pont, en attendant l'heure de la marée...

***

Le drame de l'Ambigu me rendra-t-il une partie de ces sensations?

A BORDEAUX

Le 1ᵉʳ mai de l'année 1880, l'affiche du Grand-Théâtre de Bordeaux annonçait la représentation de *Guillaume Tell*, avec M. Faure, premier sujet de l'Opéra de Paris.

Le prix des places avait été doublé, naturellement.

Ce jour-là, un prêtre en soutane noire se présenta au contrôle, exhibant un billet de secondes loges qu'il venait d'acheter au bureau.

Après un moment d'étonnement, on le laissa monter.

C'était l'abbé Rachou, diacre de l'église Saint-Pierre, de Bordeaux.

Il alla s'installer dans la dernière loge du côté gauche, sur le second rang. Son attitude était absolument modeste. Ses voisins, un instant étonnés, le prirent pour un prêtre étranger, et, après les premières minutes données à la curiosité, ne s'en occupèrent plus.

L'abbé, qui était évidemment un fanatique de musique, se levait chaque fois que M. Faure chantait un morceau. Son œil brillait ; toute sa physionomie exprimait un contentement indicible. J'ignore s'il applaudissait, il en aurait eu le droit.

Mais ce que l'on m'a raconté, c'est que lorsque M. Faure avait fini de chanter et que venait le moment du ballet, l'abbé Rachou se renfonçait dans sa place et tournait pudiquement les regards d'un autre côté.

La représentation de *Guillaume Tell* fut évidemment un des plus beaux jours de la vie de l'abbé Rachou.

⁂

Le lendemain, grand émoi à l'archevêché.

Un prêtre du diocèse de Bordeaux avait été vu au Grand-Théâtre.

Fallait-il le garder ou le destituer?

Avant tout, le curé de Saint-Pierre interdit à l'abbé dilettante de dire la messe et de remplir ses fonctions dans son église.

A l'archevêché on jugea sage d'étouffer l'affaire. M. Bellot des Minières, vicaire général, pensa qu'elle serait bientôt oubliée.

Cependant, deux mois après, on se ravisa, et l'abbé Rachou fut révoqué de ses fonctions de diacre.

Le voilà à pied.

⁂

L'abbé Rachou, originaire des Basses-Pyrénées, est un homme mûr, parfaitement estimable, qui porte la peine d'une organisation musicale excessivement développée. Doué d'une voix de baryton très étendue, qu'il se complaît à cultiver, il a cru qu'il pourrait être à la fois prêtre et chanteur ; il le croit encore. Pendant trois ans, il a obtenu de grands succès comme choriste à la cathédrale de Bayonne. Que n'y est-il toujours resté !

Malheureusement pour lui, le hasard l'amena à Bordeaux vers le commencement de cette année.

Le 20 mars il entra à l'église Saint-Pierre en qualité de diacre. La première fois qu'il chanta l'Evangile, il s'en donna à cœur joie. Mais ce fut surtout dans l'*Ite missa est* qu'il déploya tous les trésors de son riche organe. Jamais les voûtes de Saint-Pierre ne s'étaient trouvées à pareille fête.

Le curé seul paraissait soucieux.

— Est-ce que vous chantez toujours comme

cela! demanda-t-il à l'abbé Rachou dans la sacristie.

— Je chante mieux ordinairement, répondit celui-ci; mais aujourd'hui mon larynx est enflammé.

— Ah!

Le curé de Saint-Pierre n'insista pas davantage le premier jour.

L'abbé Rachou, qui s'attendait à des compliments, demeura interdit.

Il n'en continua pas moins son service avec le même zèle musical.

L'étonnement du curé, M. Dauby, s'accentuait de plus en plus.

— Vous avez des *dominantes* singulières, lui dit-il une fois.

— Elles ont été partout appréciées, répondit l'ancien choriste de la cathédrale de Bayonne.

— C'est possible, mais je doute qu'ici elles soient du goût de nos paroissiens... J'ai cru surprendre parmi eux des ricanements...

— C'est qu'ils sont habitués aux basses très graves de vos chantres, tandis que moi j'ai un baryton s'élevant jusqu'au ténor.

— Un baryton, un baryton... murmura M. Dauby.

— Oui, monsieur le curé, et qui fera honneur à votre église.

— Je ne dis pas non, mais...

— M. Gergerès l'avocat m'a déclaré plusieurs fois qu'il en était émerveillé.

— Je le veux bien. Cependant laissez-moi vous engager à modifier l'expression de votre chant, qui a paru... exagérée... à plusieurs personnes.

— Renoncer à mes *dominantes!* s'écria l'abbé Rachou avec un soubresaut.

**

A partir de ce moment, une sourde hostilité ne cessa de régner entre le curé et son diacre.

— Sur ces entrefaites, l'incident de la représentation de *Guillaume Tell* vint combler la mesure.

M. l'abbé Rachou fit signer une pétition par les habitants du quartier Saint-Pierre pour être réintégré dans son emploi. On parle aussi d'un Mémoire qu'il prépare et qu'il serait décidé à livrer à la publicité.

En attendant, il a sollicité et obtenu le certificat suivant :

« Les juges soussignés qui ont été appelés à se prononcer sur le chant de l'abbé Rachou, trouvent qu'il a une belle et forte voix de baryton ; que ses notes depuis le *la* du diapason jusqu'au *ré* d'en bas, sont magnifiques, puissantes et bien en rapport avec les autres notes qu'il donne aussi très belles, jusqu'au *sol* d'en haut, sans exclure le *la, si, do* aigu que l'abbé Rachou *prétend faire à son aise, mais qu'il n'a pas voulu donner devant ses juges,* pour ne pas augmenter la fatigue de son larynx, qu'il sent déjà enflammé, etc., etc. »

Ont signé : « Les organistes de Saint-Ferdinand, de Saint-Bruno, de Sainte-Croix, de Saint-Nicolas, de Saint-Louis, de Saint-Martial, des jésuites de la chapelle Margaux, des jésuites de Tivoli, etc., etc. »

Qu'adviendra-t-il des démarches de l'abbé baryton ?

Je souhaite qu'elles réussissent.

Le cas de l'abbé Rachou est celui d'un homme parfaitement inoffensif, épris d'art. Rendez-le à ses *dominantes*.

EN PROVENCE

Il est bien difficile de ne pas s'arrêter en allant de Paris à Nice. A partir de Lyon, ou, pour mieux dire, à partir de Vienne, les tentations ne font que se succéder. Beaucoup de personnes, surtout parmi les artistes, mettent les bords du Rhône au-dessus des bords du Rhin. Orange, Avignon, Arles, sont trois stations irrésistibles, pour ne citer que ces trois là.

Où avais-je eu l'esprit d'emporter avec moi et sur moi un volume des *Mémoires* de Marmontel? Le singulier compagnon de route! Je me souvenais vaguement qu'avant d'être historiographe de France et secrétaire perpétuel de l'Académie française Marmontel avait fait un voyage dans le Midi, — moins qu'un voyage, un *tour*, comme on dit en style familier, — en compagnie d'un jeune et riche négociant de Bordeaux.

J'étais curieux de connaître les impressions d'un écrivain qui, sans être des premiers, a cependant tenu un certain rang dans la société de Mme Geoffrin, et qui ne s'est pas trop mal tiré du récit de ses années de jeunesse. Je ne pouvais avoir une plus fâcheuse idée.

Marmontel ne trouve rien à apprécier dans le Midi. Il n'a que des impertinences pour les pays qu'il aperçoit à travers la portière de sa chaise de poste et que des sottises pour ceux où il s'arrête.

Voici, par exemple, ce qu'il pense de Nîmes :

« A Nîmes, sur la foi des voyageurs et des artistes, nous nous attendions à être frappés d'admiration ; *rien ne nous étonna*. Il y a des choses dont la renommée exagère si fort la grandeur ou la beauté que l'opinion qu'on en a eue de loin ne peut plus que décroître lorsqu'on les voit de près. L'Amphithéâtre *ne nous parut point vaste (qu'est-ce qu'il lui fallait donc?)*, et la structure ne nous surprit que par sa massive lourdeur. La Maison carrée nous fit plaisir à voir, mais le plaisir que fait une petite chose. »

Renversant, ce Marmontel.

Il ne fait guère plus grand cas de la fontaine de Vaucluse. « Il fallut encore ici rabattre de l'idée que nous avions du *séjour enchanté* de Pétrarque et de Laure... Ce n'est pas que la cascade de la fontaine de Vaucluse ne soit belle, et par le volume, et par les longs bondissements de ses eaux parmi les rochers dont leur chute est entrecoupée. Mais, n'en déplaise aux poètes qui l'ont décrite, la source *en est absolument dénuée des ornements de la nature;* les deux bords en sont nus, arides, escarpés, sans ombrages... »

O bon Marmontel, c'est précisément cet aspect sauvage qui fait la réputation de la fontaine de Vaucluse! Pourquoi, toi et ton négociant de Bordeaux, vous l'étiez-vous représentée comme un *séjour enchanté?* Qui est-ce qui vous y obligeait? Il est d'autres beautés champêtres que celles de Trianon, ô courtisan!

Mais au moins, correct auteur de *Bélisaire,* tu as su garder une honnête mesure, et tu n'as pas traité Pétrarque de *vieil imbécile,* comme devait le faire de nos jours Chabrillat, voyageur par aventure et ex-directeur de l'Ambigu-Comique.

*
* *

Croirait-on que la mer, la Méditerranée elle même, a laissé absolument insensible ce bel esprit de Marmontel ? « L'une de mes envies, dit-il, était de voir la pleine mer ; je la vis, mais les tableaux de Vernet me l'avaient si fidèlement représentée que la réalité ne m'en causa aucune émotion. »

Je ne t'en fais pas mon compliment.

Allons, décidément, Marmontel n'était qu'un *lourdeaud*, comme le qualifient les épigrammes du temps.

*
* *

Marseille est la ville gaie par excellence, en admettant que la gaieté soit faite de bruit, de foule, de couleurs, de soleil surtout.

Tout m'y plaît, — excepté les parfums du port.

Je n'apprendrai rien à personne en disant que les souvenirs grecs abondent à Marseille. Je demeure vis-à-vis de la rue du Jeune-Anacharsis. Xénophon vend du tabac sur la place, et Epaminondas m'a fait la barbe tout à l'heure.

On m'a montré une fenêtre où pendant plusieurs années un perroquet articulait ces paroles bizarres, étonnement du passant : *Périclès, tu m'embêtes!*

Ce perroquet classique ne faisait que répéter l'apostrophe continuelle d'une femme du peuple à son petit garçon nommé Périclès.

*
* *

Voici un sujet de roman ou de drame que je livre à Élie Berthet ou à Édouard Cadol.

C'est une des chroniques les plus originales de Marseille.

On pourrait l'appeler : *le Roi de Ratoneau*, ce qui est un titre suffisamment piquant et ronflant.

Ratoneau est une des deux petites îles protégées par le fort du château d'If. Au milieu s'élève un donjon flanqué de quelques habitations et ceint d'un rempart.

Une petite garnison occupait Ratoneau en 1765. Or, un jour du mois de juin, la garnison, selon son habitude, sortit pour aller aux provisions, laissant en sentinelle, à la porte du mur d'enceinte, un soldat du nom de Francœur.

A son retour, la garnison trouva le pont-levis baissé ; elle appela ; Francœur parut sur le rempart, tenant à la main une mèche allumée.

— Hors d'ici! s'écria-t-il ; je suis le roi de Ratoneau !

Le malheureux était devenu subitement fou.

On essaya de parlementer, mais Francœur ne voulut rien entendre.

Les canons étaient chargés, et il menaçait toujours d'en approcher sa mèche.

Force fut aux soldats de revenir à Marseille, assez piteux, comme on peut se l'imaginer.

Les magistrats haussèrent les épaules et s'imaginèrent qu'ils auraient facilement raison de ce pauvre diable.

A cet effet, ils dépêchèrent vers lui quelques canots armés ; mais ceux-ci durent rétrograder devant les boulets que Francœur fit pleuvoir sur eux.

L'embarras était grand.

Le roi de Ratoneau avait un troupeau de chèvres ; mais ce n'était pas assez pour sa subsistance : il lui fallait du pain et du vin ; il imagina de s'en procurer en rançonnant les navires qui passaient à portée de ses canons.

Cette situation ne pouvait pas être tolérée longtemps. On résolut de procéder par la ruse. Une compagnie, profitant d'une nuit sombre, réussit à aborder dans l'île; elle avança sans bruit et se trouva tout à coup nez à nez avec le roi de Ratoneau, qui faisait sa ronde, une lanterne au doigt.

— Qui vive ? cria Francœur.

Le chef de la compagnie ne lui répondit qu'en le couchant en joue. Francœur était sans armes; depuis quelques jours, ne se voyant plus inquiété, il s'était relâché de sa surveillance.

Il se rendit.

— Camarades, dit-il avec noblesse, je cède à la force. Le roi de France est plus puissant que le roi de Ratoneau. Seulement, je réclame les honneurs de la guerre... Vous me rendrez mon havre-sac et ma pipe.

On lui accorda ce qu'il demandait.

Francœur se laissa conduire à Marseille, et de là à l'hôpital des fous. On l'y vint voir par curiosité. Il guérit, et plus tard fut envoyé à l'hôtel des Invalides à Paris.

Ainsi finit le roi de Ratoneau.

*
* *

N'est-ce pas que ce petit drame n'est pas mal ?

Il y a du décor, des effets de lune et de mer, du fantastique ; — ce donjon, ces canots qui débarquent silencieusement.. Voyez-vous d'ici Lafontaine soutenant à lui seul un siège ? Mais il faudrait, pour être intéressant, que Francœur fût devenu fou par amour.

Eh bien, cela n'est pas impossible.

Il se serait épris de la fille d'un des consuls de Marseille.

C'est à creuser.

⁂

On s'attend à ce que je touche un mot de la cuisine marseillaise.

Je ne tromperai pas l'attente du lecteur.

Quelques invitations sont venues me chercher, cordiales, charmantes. J'ai dîné au restaurant et chez *l'habitant.*

Il va sans dire que la supériorité est toute du côté de ce dernier. Il apporte dans l'emploi de l'ail et de l'huile une discrétion dont les Parisiens lui savent toujours gré. Il ne vous jette pas, dès le premier jour, sa bouillabaise à la tête; il n'abuse ni des *clovisses,* ni des *oursins,* ni des *scipions.*

Mais, si vous lui en demandez, il ne dissimule pas un sourire de contentement.

Les Marseillais sont les premiers à rire d'eux-mêmes. Il y a dans chaque café-concert un comique provençal, spécialement préposé aux *troun de l'air* et aux *digue dingue mon bon.*

D'ordinaire, ce comique s'habille en femme du peuple, avec une robe à pois et un casaquin à fleurs. Il célèbre, avec profusion de gestes, les avantages de Marseille, son vent de mistral, son aïoli et son soleil, — auquel on permet quelquefois d'aller éclairer Paris.

Les petits théâtres de faubourg jouent également, surtout le dimanche, des pièces en langue provençale. On représentait hier, sur l'un d'eux, *Maniclo* ou le *Savetier bel-esprit*.

Il y a aussi une librairie provençale sur le port.

*
* *

Certaines locutions m'ont rendu rêveur.

J'entre chez une marchande de tabac, auprès de la Bourse.

— Madame, je vous prie de m'indiquer le bureau télégraphique ?

— *En dessus*, me répond-elle d'un ton bref et sans me regarder.

Je demeure la bouche ouverte, me demandant ce que voulait dire *en dessus*.

N'osant faire répéter, je sors et cherche seul, jusqu'à ce que j'aie trouvé.

En dessus voulait dire : quelques pas plus haut dans la rue.

⁂

Savez-vous où Ziem, l'éblouissant peintre de marines, confectionne la plupart de ses vues de Venise ?

Vous ne le devineriez jamais !

A Martigues, le petit village légendaire, voisin de Marseille.

Il a là un très pittoresque atelier, rempli de Piazzetta, de Lion de Saint-Marc, de Canal-Grande, de Palais des Doges, de Lido, de Dogana, de Rialto, de pont de la Paille, et de pont des Soupirs.

Si Canaletti le savait !

* * *

La chose se passait vers l'an III, en brumaire,
A Marseille. — Un garçon, déjà mûr pour l'hymen,
Venait solliciter, son bonnet à la main,
Un bout de passe-port chez le citoyen maire.

Il est interrogé d'une façon sommaire :
Où va-t-il, et pourquoi se met-il en chemin ?
« A Brignoles, dit-il ; c'est là que vit ma mère,
Et je vais de ce pas m'y marier demain. »

Le maire n'était pas riche en littérature :
« Brignoles ! pensait-il, c'est roide à l'écriture !
Brigo... Brijo... Brino... cela vient toujours mal. »

Enfin, trouvant le mot d'accès trop difficile,
Il releva la tête et lui dit : « Imbécile !
Pourquoi ne vas-tu pas te marier au Val ? »

Ce sonnet est de Joseph Autran, un Marseillais, qui, de la Cannebière, est arrivé à l'Académie française.

Cela revient à ce que je disais tout à l'heure : que les Marseillais sont les premiers à tirer sur eux-mêmes.

C'est par eux, et non par des voyageurs que nous sont arrivées les traditions grotesques du *Patron Jean*, de *M. de la Vertepillière* et du *Capitaine Pamphile*.

* * *

J'ai reçu le billet suivant :

« N'oubliez pas de venir au *Sémaphore* aujourd'hui. L'auteur du *Sonnet du Cochon* sera peut-être bien aise de se rencontrer avec l'auteur du *Cochon de Mme Chasteuil*. »

Le Cochon de Mme Chasteuil est un joli livre de M. Horace Bertin, qui est rapidement arrivé à sa seconde édition, à Marseille.

La littérature est largement représentée dans le chef-lieu des Bouches-du-Rhône.

* * *

Jusqu'à mon hôtelier qui est membre de l'Académie de Marseille !

C'est le dernier Parrocel, — une famille provençale qui a fourni quatorze peintres à la France, tandis que la famille de Vanloo n'en a fourni que onze. Misère!

M. Etienne Parrocel a voué un culte très actif et très intelligent à la mémoire de ses ancêtres, dont il a réuni une grande quantité de toiles, de dessins et de gravures, — de quoi composer un musée tout entier.

En outre, il a écrit une monographie complète des Parrocel, indispensable aux experts qui, sans cela, perdraient la tête au milieu de tous ces Parrocel, tous peintres de batailles, — plus ou moins.

Un de ces Parrocel, — François, je crois, — était lié avec Diderot; de plus, ils étaient voisins. Parrocel demeurait à l'angle de la rue Saint-Benoît et de la petite place du même nom; — Diderot au coin de la rue Taranne.

Ce voisinage n'empêcha pas Diderot, dans ses *Salons*, de malmener quelque peu Parrocel.

L'homme à la robe de chambre n'était pas d'humeur commode tous les jours.

.·.

En haut des allées de Meilhan, on rencontre une rue en rampe qui s'appelait hier la rue des Petits-Pères, et qui s'appelle aujourd'hui la rue Thiers.

Au numéro 40 s'élève une maison de fort simple apparence, haute de trois étages surmontés d'une mansarde. Le troisième étage ne date que d'une trentaine d'années.

Une enseigne porte ces mots : *Jourdan, bijoutier.*

Il ne reste rien du mobilier primitif, le logis ayant passé successivement aux mains de cinq ou six propriétaires et subi des modifications importantes.

N'importe; cette maison va prendre place parmi les maisons célèbres et devenir un but de pèlerinage pour les étrangers, — car c'est la maison où M. Thiers a vu le jour en 1797.

C'est la maison où il a vécu, enfant; où il a étudié, jeune homme.

C'est la maison où, devant quatre ou cinq camarades de son âge, il s'exerçait à l'art oratoire.

Elle appartient actuellement à M. Turin, qui l'a acquise il y a une dizaine d'années, aux enchères, moyennant la somme de vingt-deux mille francs.

On prête à la famille de l'illustre patriote la pieuse intention d'acheter la maison numéro 40.

⁂

M. Thiers, contrairement à ce que la calomnie a pu écrire, s'est toujours souvenu de ses amis, — et particulièrement de ceux de ses compatriotes qui lui avaient tendu la main aux heures difficiles.

De ce nombre était un Provençal de la vieille roche, M. Rollandin, pour lequel il avait conservé une affection toute filiale.

A peine installé au ministère de l'intérieur M. Thiers écrivait à M. Rollandin, dans les termes les plus pressants, pour l'inviter à venir passer quelques jours à Paris, dans son propre hôtel.

M. Rollandin se fit prier quelque peu, en raison de son âge, et finalement accepta, malgré le dérangement qu'un tel déplacement apportait dans ses habitudes.

Le voilà en route. En ce temps-là, le trajet de Marseille à Paris ne durait pas moins de cinq jours; on appelait cela voyager en *diligence*. Toujours facétieux, nos pères !

M. Rollandin arriva à Paris dans un état pitoyable, moulu, brisé. Il se fit descendre provisoirement dans un petit hôtel voisin des Messageries, pour réparer les désordres de sa toilette.

M. Rollandin, après avoir endossé l'habit

noir, se disposait à se rendre chez M. le ministre, lorsqu'il jugea utile auparavant de consulter le temps ; il mit le nez à la fenêtre.

— *Ploou !* dit-il d'un air contrarié ; *foou soupa eici* ! (Il pleut, il faut souper ici.)

M. Rollandin, en conséquence, se fit servir un bon repas, qu'il prolongea pendant plus d'une heure, selon la mode ancienne. Quand il eut fini, il ouvrit de nouveau la croisée.

— *Ploou mai* (il pleut encore !) murmura-t-il d'un air de plus en plus contrarié.

M. Rollandin répéta plusieurs fois : *Ploou mai* ! et il ajouta philosophiquement :

— *Si foou coucha !*

Et il fit comme il avait dit.

A son réveil, M. Rollandin fut complètement désappointé en jetant un coup d'œil à travers les vitres.

— *Ploou toujou* ! s'écria-t-il ; *lou ciel eici rageo como uno fouon !* (Le ciel ici coule comme une fontaine.)

M. Rollandin grommelait pour tout de bon. Il avait entièrement oublié son ami Thiers et son projet de visite au ministère. A la fin, la colère lui montant au cerveau :

— *Voueli pas pesca de rhumatismé ! voou réparti !* (Je ne veux pas pêcher de rhumatisme, je vais repartir.)

*
* *

« Et quelques heures après, — racontent les *Souvenirs d'un vieux Marseillais*, — M. Rollandin reprenait la diligence et roulait vers la Méditerranée. Il était venu à Rome, comme on dit, sans avoir vu le pape. A son retour, il racontait naïvement l'aventure à qui voulait l'entendre. »

*
* *

Léon Gozlan, dans sa jeunesse, avait connu un *Napoléon noir* dont il a raconté l'histoire tout au long, histoire tragique s'il en fut. Si ce Napoléon noir vivait aujourd'hui, il s'ajouterait sans doute à la liste de tous les prétendants de ce nom. Mais hélas ! il s'est laissé guillotiner à Aix, vers 1824, tout Napoléon qu'il fût.

Il avait alors vingt-six ans et était venu d'Égypte à Marseille. Le « grand homme » l'avait semé, pendant son étonnante expédition, à l'ombre de quelque sphinx de granit. Il était non pas précisément noir, mais mulâtre, cuivré, petit, et doté d'une ressemblance prodigieuse avec son papa.

Il avait à Marseille deux oncles négociants, qui lui avaient fait donner une excellente éducation. Ajoutez à cela de nombreux voyages accomplis en Nubie, en Ethiopie, à travers le Jourdain ; la connaissance approfondie des langues grecque et arabe, une imagination brûlante, dévorante.

La conscience de sa haute naissance avait inspiré à Napoléon Tard..., un orgueil démesuré. Dans ses confidences à Léon Gozlan, sous les platanes du cours Belzunce ou sur le quai du Vieux-Port, il ne rêvait rien moins que de reconstituer un empire d'Orient.

— L'Orient est à moi, disait-il avec exaltation, comme l'Occident fut à Napoléon, mon père. Je dirai mon sang, mon nom, mes projets ; je me mettrai à la tête, non des Turcs, mais des Arabes ; les Turcs sont finis. Avec les Arabes, je reprendrai la civilisation des Ptolémées. Je parle leur langue, je suis de leur race, de leur chair ; ils m'écouteront ; j'appellerai chaque ville, chaque hameau, chaque homme, chaque enfant par son nom. Tout viendra à moi...

Et c'était la transformation complète de l'Égypte.

— Je ferai pour l'Egypte ce que mon père n'a pas eu la générosité de faire. Il la destinait à un grand chemin pour passer aux Indes au lieu de la rendre indépendante. Elle sera avec moi, libre ; plus de beys, ni de pachas, ni d'esclaves ; l'affranchissement comme au temps des kalifes ! Et alors nous rouvrons les saintes bibliothèques, nous appelons chez nous la science esclave en Europe ; le grec de Platon, le latin de Tacite courent les rues d'Alexandrie ; la lumière vient de nouveau d'Orient, et les prophéties s'accomplissent!

Gozlan, que tout paradoxe séduisait, goûtait un plaisir singulier à écouter cet étrange jeune homme. Malheureusement, leurs relations furent brusquement brisées. Napoléon Tard... avait demandé à ses deux oncles une assez forte somme d'argent, destinée à l'aider dans la réalisation de ses projets. Les oncles refusèrent d'un commun accord. Le *Napoléon noir* en conçut une vive irritation.

Laissons Léon Gozlan raconter le reste.

« Je me promenais avec lui sur le port de Marseille lorsque, tout à coup, il se prit à jouer avec un couteau de deux ou trois pouces de longueur ; puis il me pria de l'attendre. Il revint ensuite me dire froidement :

« — Je viens de faire partir mes oncles

pour l'Amérique... Dans votre langage, je viens de tuer mes deux oncles. »

Rien n'était plus vrai.

On trouva les manières du jeune égyptien beaucoup trop expéditives, et il comparut devant la cour d'assises d'Aix. Vainement essaya-t-on de la faire passer pour fou, ce qu'il était assurément au double chef; mais on se garda bien d'invoquer son illustre origine; cela aurait été une médiocre recommandation, le parti napoléonien n'existant encore qu'à l'état de chanson de Béranger. D'ailleurs, quelques efforts qu'on eût tentés pour le sauver, Napoléon Tard... les aurait tous fait échouer par l'audace de son attitude et le dédain silencieux qu'il afficha. Il fut condamné à mort sans hésitation. On le conduisit à l'échafaud, par un beau soleil, sur la place du marché d'Aix. Sa fière contenance ne se démentit pas.

De ses deux oncles frappés par lui, un a survécu à sa blessure.

VICTOR GELU

Victor Gelu, le chansonnier populaire mort en 1885, un des derniers survivants d'un groupe de Marseillais qui data et marqua dans l'histoire littéraire : Méry, Autran, Bénédit, etc., hommes d'une grande vivacité d'imagination. Le principal caractère de ce groupe était son amour profond pour la cité natale. Ils étaient Marseillais dans l'âme, Marseillais avec délices, Marseillais avant tout et par-dessus tout.

Gelu l'était plus que personne, car il s'était astreint à n'écrire que dans l'idiome provençal. C'était se condamner à n'être lu que d'un nombre limité de lecteurs, et les plus humbles,

les plus ignorants. Mais peu importait à Gelu; il s'agissait pour lui de sauver d'un naufrage imminent une langue pittoresque à l'excès, le patois de Marseille, « ce dialecte brutal et impérieux comme le vent de Nord-Ouest qui lui a donné naissance ».

Poète du peuple, Victor Gelu a commencé par procéder comme Pierre Dupont, disant ses vers dans des réunions intimes, souvent même au milieu des artisans. A cette époque, c'est-à-dire de 1835 à 1840, c'était un homme d'un visage grave, aux formes un peu rudes, mais s'animant, s'échauffant à mesure qu'il interprétait ses compositions. Quelques-unes de celles-ci, *Fenian é Grouman (Fainéant et Gourmand), A la Ris quo, Lou Tramblamen*, étaient déjà célèbres avant d'être imprimées.

La première édition des *Chansons provençales* de Victor Gelu date de 1840; la seconde de 1856; j'ignore si depuis il en a paru d'autres. Chacune d'elles est accompagnée d'une préface fort intéressante. J'extrais ce passage de la première :

« Il faut s'asseoir sur la borne pour décrire le carrefour. Comme je m'y étais assis, moi, bien souvent et de longues heures, durant mon enfance, je n'ai eu qu'à évoquer mes souvenirs pour voir poser devant moi le Crocheteur, le Manouvrier, le Plongeur, le Lazzarone de Rive-Neuve, le Garçon Boulanger, le Savetier et autres individus de même espèce. Voilà mes héros. Voilà les êtres que j'ai essayé de sculpter avec leur geste grossier, leur voix de buffle, leur parole rude, leur âpre discours, dont le mécanisme échappe à toutes les combinaisons de la linguistique.

« Ces gens-là jurent souvent. Ils ne peuvent pas dire vingt mots sans y intercaler au moins huit blasphèmes. Je les ai fait jurer quelquefois. Ces gens-là pensent, comme l'âne de la fable, que leur ennemi, c'est leur maître ; ils le répètent à tout propos et à tout venant. Je l'ai répété après eux. Ils croient que cet ennemi est pour beaucoup dans leurs misères. Ils haïssent, ils envient tout ce qui est au-dessus d'eux. Je n'ai dissimulé ni leur haine ni leur envie... Ces gens-là, par intervalles, font preuve d'entrailles ; par intervalles aussi, j'ai laissé voir leurs entrailles. »

Victor Gelu ne prend pas son public en traître. « Si l'on se décide à lire mon livre, dit-il, voici ce qu'on y trouvera : idiotismes locaux inintelligibles, imprécations affreuses, gravelures impardonnables, détails ignobles; la prosodie, la syntaxe, l'orthographe estropiées sans pitié, sacrifiées comme à dessein! Outrage aux mœurs, outrage aux lois, outrage au bon goût, outrage aux fonctionnaires publics! »

Gelu se calomnie un peu.

Il est à regretter qu'il n'ait pas cru devoir accompagner ses *Chansons* d'une traduction en regard, comme ne manquent pas de faire les *félibres*, avec lesquels d'ailleurs son vocabulaire a très peu de points de contact. J'ai vu des Marseillais pur sang embarrassés pour m'expliquer certaines de ses expressions. Je veux pourtant essayer de donner une idée de ce langage aux lecteurs parisiens.

Voici, par exemple, le début et le refrain du *Tremblement*, un cri de révolte poussé à l'occasion d'une émeute dans Marseille :

Fouero! lou san qué noun resto a lou bouei!
Fouero! sansu qu'avè la gorgeo pleno!
Fouero! bouchié, gras dé nouesto coudeno!
Fouero! à soun tour lou bestiaou pren lou fouei!

Le mot à mot : — *Dehors! le sang qui nous reste a bouilli.* — *Dehors! sangsues qui avez la gorge pleine!* — *Dehors! bouchers, gras de notre couenne!* — *Dehors! à leur tour les bestiaux prennent le fouet!*

Quand elle n'est pas politique, la chanson de Victor Gelu est philosophique. Il s'adresse à un vieux pêcheur, dont le fils a fait fortune à Paris et est devenu ingrat en même temps que millionnaire, et il lui crie d'un ton narquois :

> Lazare ! Lazare !
> Ton fils est Parisien !

Quelquefois Gelu élève sa note, comme dans le *Credo de Cassian* :

A peri tout entié, qué servirié dé neisse ?
Dieou, qué li vi tan lun, nou forgé pa ren :
En mouren regrïan ; l'ome, quan dispareisse,
Va pupla leis estélo oou toun doou firmamen !

Traduction : *A périr tout entier, que servirait de naître ? — Dieu, qui voit si loin, ne nous forgea pas pour rien ! — En mourant on renaît ; l'homme, quand il disparaît, — Va peupler les étoiles au fond du firmament !*

Mais ces accès de lyrisme sont rares chez lui et, d'ailleurs coupés, à chaque instant par des familiarités attendues, par des mots du port.

Où je ne lui connais pas de rivaux, c'est

dans des pièces comme *Veouzo Mègi* (la
Veuve Mégi). Les plaintes de cette pauvre
femme, dont le fils vient de tirer à la conscription, ont un accent déchirant.

>   Eier, a passa la reformo :
>   Avian degun per n'adjuda,
>   Cadé! sics basti din lei formo ;
>   As tira *trege*, é sies sorda!
>   Lei coucho-buon, su nouestei terro,
>   Fan soun rabai per la tuarié ;
>   Li vas garni sa boucharié,
>   Moun bel agneou ; vas à la guerro!
>   Paga l'impos dé ma miséro!
>   Dien qu'es la lei ; affrouso lei !
>   ..... Es pa la lei : es uno ourrour,
>   Es un decré dé l'empérour!
>   Es lou cou couteau dé la tripiéro,
>   Oou couar dei méro !

Hier, tu as passé à la réforme; — Avions personne pour nous aider; — Cadet! tu es bâti dans les formes, — Tu as tiré TREIZE, *tu es soldat! — Les conducteurs de bœufs sur notre terre — Rabattent pour la tuerie; — Tu vas garnir leur boucherie. — Mon bel agneau, va à la guerre! — Paye l'impôt de ma misère! — Dire que c'est la loi! affreuse loi! — Ce n'est pas la loi, c'est une horreur! — C'est un décret de l'empereur! — C'est le couteau de la tripière, — Au cœur des mères!*

N'est-ce pas que ces deux derniers vers sont magnifiques?

La réputation de Victor Gelu ne pouvait guère franchir Marseille. Cependant Philarète Chasles, entre les mains duquel était tombé son recueil, lui a consacré une leçon de son cours de littérature au Collège de France. « Poète énergique, puissant, hardi, *terrible!* » l'appelle-t-il.

RANCUREL

« Le 25 janvier dernier, la demoiselle Serré contracta mariage avec le sieur Rancurel.

« Elle était âgée d'environ dix-sept ans.

« Elle eut le malheur de ne rencontrer en lui que l'ombre d'un véritable époux... »

Ainsi commence un Mémoire du célèbre Portalis sur une *Demande en cassation de mariage pendante au Parlement de Provence*, en 1787.

En ce temps-ci, où s'étalent tant de procès scandaleux, monstrueux, pour excès et abus de puissance érotique, il m'a paru intéressant de rappeler un procès tourné dans le sens contraire.

« De tels procès, dit Portalis en son exorde, sont dans certaines sociétés l'objet de frivoles plaisanteries. »

Je le crois bien !

Et même ce mémoire, qui est le travail le plus complet sur la matière, le plus approfondi, le plus moral, le plus décent surtout, est une source de gaieté involontaire.

« Les lois, ajoute Portalis, n'ont fixé aucun terme pour l'exercice de l'action en insuffisance conjugale. Les Canons permettent à la femme de se plaindre *après un mois.* »

Un mois ! Mais c'est à peine si l'époux a eu le temps de faire sa cour, de se montrer sous un aspect nouveau, de prévenir les gémissements de la pudeur en éveil.

Un mois ! Les Canons donnent un mois à l'époux, cinq semaines peut-être. Les voilà bien là, ces Canons, toujours impétueux, toujours prêts à cracher, à éclater. Qu'est-ce que les Canons viennent faire là-dedans, je vous le demande ?

※ ※
※

Le sieur Paul Rancurel avait quarante-sept ans lorsqu'il demanda la main de Mlle Louise Serré, une des plus jolies personnes de la ville d'Aix.

Si ce n'avait été que la main !

Quarante-sept ans ! un bel âge assurément, l'âge des possibilités, sinon des prouesses.

Et cependant, au bout de trois mois, — deux mois de plus que n'accordent les fameux Canons, — Mlle Serré faisait entendre des murmures qui, bientôt favorisés par une mère inquiète, se répandaient au dehors. La famille était assemblée et consultée. Un esclandre parut désastreux.

Laissons parler le Mémoire :

« Sur ces entrefaites un Conseil, aussi sage qu'éclairé, proposa à Rancurel un nouvel essai, en l'assurant que toute action judiciaire serait suspendue et que, s'il le jugeait utile, on prorogerait encore la cohabitation pendant six mois. La proposition était honnête. »

Rancurel commença à la trouver mauvaise. L'intervention de sa belle-mère surtout lui portait singulièrement sur les nerfs.

Dans le fond, c'était un timide. Vous rappelez-vous ce personnage de la *Sensitive*, représenté par Hyacinthe ? Chacune de ses entrevues avec sa femme est traversée par un contretemps. Trois ou quatre fois, dans le cours de la pièce, Hyacinthe commence sa phrase sacramentelle :

— Enfin, nous voilà donc seuls, ma chère Léonie...

Mais, à cet instant, la pendule se met à sonner, ou un meuble tombe avec fracas, ou une rumeur se fait entendre dans la campagne. Alors Hyacinthe perd tous ses moyens.

Je sais maintenant où Labiche a trouvé le

personnage de la *Sensitive* : c'est dans le procès Rancurel.

* * *

Car il y eut procès.

La demoiselle Serré, plus demoiselle que jamais, lasse de l'impertinent *statu quo* de son mari, irritée de le voir ignorer ou feindre d'ignorer *ce que la nature apprend à tout ce qui respire* (ce sont les termes poétiques du Mémoire), se pourvut publiquement par devant l'Official diocésain de la ville d'Aix à l'effet de faire casser son mariage.

Ce jour-là, il y eut bien des rires étouffés sur les promenades et bien des caquetages devant les portes.

La première chose que fit l'Official diocésain, ce fut d'ordonner une expertise et de nommer des experts, comme s'il se fût agi d'un tableau ou d'une statue à examiner. Il y avait bien quelque chose comme cela, plutôt de la statue que du tableau.

Un matin donc, deux messieurs scrupuleusement vêtus de noir se présentèrent chez Rancurel et insistèrent pour être introduits auprès de lui, malgré l'heure matinale.

Il était encore dans son lit.

— Ça n'y fait rien, dit le premier expert à la domestique.

— Au contraire, ajouta le second.

— Qui diable vous amène à cette heure ? leur demanda Rancurel en se dressant sur son séant.

— Nous reconnaissez-vous ?

— Parbleu! Vous êtes M. Cortasse, médecin, et M. Roccas, chirurgien; mais cela ne m'apprend pas...

— Vous allez tout savoir.

Et ces messieurs lui expliquèrent la délicate mission qui leur était confiée.

Il est à supposer que le front de Rancurel s'empourpra d'une légère rougeur subite. Il eut d'abord une envie violente de flanquer les deux experts à la porte, mais il se contraignit et se contenta de les prier, « étant profondément troublé par leur visite », de revenir une autre fois.

Rancurel était dans son droit, le Mémoire Portalis en convient.

« L'homme qui doit recevoir des experts est maître du temps, du jour, de l'heure de cette visite. Si d'abord son imagination est affectée, il peut renvoyer la séance et se ménager tout le loisir convenable pour rassurer son esprit et ses sens. Il est le maître de multiplier les séances. Les experts se rendent auprès de lui quand il le veut. Ils ne paraissent en sa présence que quand il l'exige. Ils sont dans l'appartement qu'on leur indique. »

Impossible d'être plus accommodant.

Le pauvre Rancurel, si vexé qu'il fût, dut se résigner à une deuxième visite de MM. Cortasse et Roccas, et même à une troisième.

Ici se place la *scène à faire*. J'y renonce.

Et c'est dommage au point de vue de l'élément comique.

* * *

Ces deux visites, il faut l'avouer, furent tout au désavantage de Rancurel.

Rancurel en trouva la raison dans la présence même des experts.

— Que ne m'offrait-on aux yeux des objets plus agréables ? dit-il.

On ne peut s'empêcher de partager la manière de voir de Rancurel. Un expert, si aimable qu'il soit, n'est guère fait pour monter une imagination prévenue.

Dans cette circonstance, devine-t-on comment agit l'Official diocésain ?

L'Official fut grand comme le monde : il nomma de nouveaux experts ; il remplaça MM. Cortasse et Roccas par MM. Tabary et Bouisson.

Dès lors, nouvelles visites. On ne l'escompte plus. Les nouveaux experts sont toujours fourrés chez Rancurel : le 10 décembre, à dix heures du matin ; le 12, à cinq heures du soir ; le 14, sur les deux heures de l'après-midi ; le 16 et le 19, à la même heure. Cela devait être horriblement fatigant.

Même pendant l'absence de Rancurel, ils se présentaient à son logis, par habitude.

— M. Rancurel ? demandaient-ils machinalement.

— Il n'y est pas, leur répondait-on.

— Ah! tant pis!

— Faut-il l'informer de votre visite ?

— Oh! ce n'est pas la peine... Nous venions voir s'il y avait quelque chose de nouveau.

Et les experts allaient faire un tour sous les arbres du Cours.

Exaspéré, Rancurel avait fini par mettre tous les torts sur le compte des « froideurs » de sa femme. Cela changeait entièrement la physionomie du procès; le point de vue se déplaçait.

Et puis, la belle-mère devait être si furieuse!

Enfin, le 15 juillet 1786, M. l'Official rendit une sentence par laquelle il déclara le mariage valable, ordonnant que la « dame Louise Serré rentrera dans la maison du sieur Paul-Elzéar Rancurel, son mari, pour y habiter avec lui, *en se traitant mutuellement, doucement et maritalement*, si mieux n'aiment les parties que ladite dame Serré soit séquestrée chez quelqu'un de ses parents ou amis dont elles conviendront, chez lequel son dit mari aura la faculté de la voir le jour et la nuit, laquelle cohabitation *sera durant trois ans consécutifs...* »

Etonnant, ce jugement qui accorde un délai de trois ans à un mari pour s'affirmer.

C'était le triomphe de Rancurel.

Mais la dame Louise Serré n'entendit pas de cette oreille-là; elle voulait plaider; elle ne paraissait que trop certaine du peu de fond qu'on pouvait faire sur les quarante-sept ans de son variable époux. Elle appela de la sentence de l'Official.

De là le Mémoire de Portalis.

Un chef-d'œuvre, — auquel malheureusement je n'ai pas pu faire autant d'emprunts que j'aurais voulu.

J'ignore comment finit ce procès. Peut-être ne finit-il pas, comme beaucoup de procès. On était à la veille de la Révolution, et le pays avait bien d'autres chats à fouetter que Rancurel.

Et pourtant, si on avait fouetté Rancurel?...

Ah!...

LE NIHILISTE

C'est le titre d'un drame imprimé que j'ai sous les yeux et qui a été dernièrement représenté sur le Théâtre-Français de Nice. Je doute qu'il aurait pu être représenté à Paris, non pas qu'il offre de grands dangers politiques, — il n'en offre aucun. Conçu sérieusement par un Russe fervent séjournant à Nice, M. W. de Zybinn, le *Nihiliste* pèche par l'inexpérience la plus complète du théâtre et une ignorance prodigieuse des subtilités de la langue française.

Tout cela, comme dans l'exécution de la *Dame Blanche* à Pont-à-Mousson, a été remplacé par un profond amour pour l'empereur de toutes les Russies.

Le *Nihiliste*, qui n'a eu que deux représentations, a obtenu un genre de succès tout à fait différent de celui qu'avait espéré l'auteur.

De mémoire de Niçois, jamais la salle du Théâtre-Français de Nice n'avait vu plus brillant et plus nombreux auditoire que le soir de la première représentation du *Nihiliste*. La colonie étrangère y était au grand complet.

Je suis certain d'amuser mes lecteurs en leur mettant sous les yeux quelques fragments de l'œuvre étrange de M. W. de Zybinn.

.

Au lever du rideau, nous sommes dans les salons du comte Dworoff, général et grand-maître de police, qui donne une fête, une petite fête.

Le comte Dworoff est idolâtre de sa fille unique, Alexandrine, et, comme il ne saurait se refuser à aucun de ses caprices, il lui permet d'épouser un modeste officier de l'état-major, M. Témnoff, qui brûlait pour elle en secret depuis longtemps.

Le bonheur de Témnoff dépasse toutes ses espérances, mais il n'est pas de longue durée. Un inconnu s'approche de lui pendant le bal.

J'ai à vous parler, lui dit-il.

— Parlez, répond Témnoff.

— Il y a conseil extraordinaire cette nuit... on vous attend.

Témnoff se trouble et balbutie.

L'inconnu ajoute d'un ton sévère :

— On ne discute pas! Il le faut, c'est l'ordre! On obéit au serment. »

Puis il disparaît.

Alexandrine vient relancer son fiancé pour le souper. Elle s'étonne de sa pâleur et de ses propos incohérents.

« TÉMNOFF. — J'extravague à côté de vous, auprès du bonheur..., déesse que vous êtes!

» ALEXANDRINE. — Baisez cette main avant de prendre le champagne.

» TÉMNOFF (*baisant la main d'Alexandrine*). — Adorable Alexandrine, vous me faites ivre avant le champagne ; mais c'est que je le suis avant, pendant et toujours ! »

Et la toile tombe sur ce tableau entraînant.

* * *

Le deuxième acte nous introduit en pleine réunion de nihilistes. Cette fois, le secret va nous être révélé ; nous allons connaître les mœurs, les habitudes, les occupations de cette secte. Quelle chance ! Il paraît que les loges et les galeries étaient toutes frémissantes d'anxiété.

Constatons d'abord que les nihilistes sont fort mal logés et assez mal vêtus.

« Le théâtre représente une chambre mal meublée... sièges dépareillés... le tout !fané et mal éclairé. Les membres de la société secrète sont d'un négligé de toilette qui dénote que la propreté est le moindre de leurs soucis. *Ils ont tous des lunettes bleues.* Les hommes portent leurs cheveux très longs ; les femmes au contraire ont les leurs fort courts ; le corset leur fait défaut, elles n'ont presque pas de jupons. »

Ils ont tous des lunettes bleues.

Pourquoi ? Est-ce pour être moins remarqués ? L'effet de ces lunettes bleues sur le public a d'ailleurs été indescriptible.

Voici les noms de ces nihilistes : Ougeasnoff, Drakoff, Ouroff, Aroff, Podloff, Podlezoff, Seminariseff, Hougeff, Brechneff, Sporinn, Merskinn, Trajetsky, Rinsky, etc., etc. Les femmes (de peu de jupons) s'appellent Vera Taboulinn et Sophie Gerslied.

Une fois au complet, les nihilistes se mettent à dépouiller leur correspondance et à lire les rapports qui leur sont adressés de tous les points de l'Europe. Genève va bien et les assure de son concours. Vienne pose trop de conditions.

« Passons à nos associés de Londres, — dit le président Ougeasnoff; — oh! ceux-là sont délicieux, parole d'honneur! Ils nous envoient de l'argent et des matériaux, prix de la mèche et de l'incendie. (*Fredonnant sur l'air des Turcos*).

« Les Anglais, les Anglais sont de bons enfants! »

Il me semble que voilà une grosse accusation bien légèrement formulée, et je me demande comment l'aura prise le consul d'Angleterre à Nice.

Quant à notre ami Ben Tayoux, il ne sera pas peu étonné d'apprendre que son air des *Turcos* est chanté dans les petites soirées des nihilistes.

Sur ces entrefaites, Témnoff revient du bal et est fort mal accueilli de ses collègues.

— Vous avez un air singulier, lui dit le président.

— Ce n'est rien, reprend Témnoff; *quand on sort d'un bal au milieu de la nuit, il est tout naturel que le physique s'en ressente.*

On lui ordonne de tuer la fille du comte général Dworoff.

« Il tombe sur un siège, presque évanoui et *affaissé*. »

***

Troisième acte.

Que va-t-il se passer ?

« Le théâtre représente le cabinet du comte Dworoff. Ouroff, en habit de frotteur de parquets, entre et regarde de tous les côtés, comme s'il craignait d'être observé. — Personne ! Profitons ! »

Il profite.

« Il tire de sa poche un papier cacheté et le pose sur le bureau du comte. »

Le comte Dworoff entre et prend connaissance de plusieurs papiers. Il ouvre le pli du faux frotteur contenant ces mots : *Votre fille mourra*. Il s'exclame et dit au major Rouchéef, maître de police :

— Comment trouvez-vous cela ? Quelle audace !

« ROUCHÉEF. — Cette cruelle attaque dépasse tout.

» LE COMTE, *furieux*. — Dans les autres pays, les révolutionnaires demandent et poursuivent une idée quelconque, et ces forcenés tuent sans intelligence, machinalement, sans but arrêté. Car enfin, si leur œuvre criminelle repose sur une base quelconque, qu'ils la dévoilent !... S'ils aspirent à des réformes, qu'ils prennent le soin de les indiquer ! Mais non ! Seuls, leurs sauvages exploits sont là, témoignant que ces barbares ne perdent aucune occasion d'assouvir leur soif d'or et de sang... Après cela, si l'on vient à parler de progrès, ces brutes l'enrayent par leurs atrocités, ne songeant bestialement qu'à consommer leur haine, en semant partout l'horreur par le crime et le vol. Enfin, ils s'en prennent à l'amour du père, n'ayant rien à opposer au cœur du soldat, et ils veulent assassiner ma fille, mon idole bien-aimée, oubliant que je suis là, prêt à la défendre et à mourir pour la sauver!

» Rouchéef. — Nous veillerons tous sur elle, mon général... »

On annonce Témnoff.

S'il est bouleversé, je le laisse à penser. Il ne se tient pas.

« — Qu'avez-vous, mon cher? lui dit le général.

» — Monsieur... Excellence... mon général... *(Il salue profondément le général.)* Je suis obligé de vous rendre votre parole. »

Je passe sur la surprise et l'indignation du général.

Témnoff tire de sa poche un revolver et le lui tend.

« — Par pitié, général, au nom de l'intérêt

dont vous me comblez, prenez ma vie, je vous en rendrai grâce !

« — Que signifie cette scène incompréhensible ? dit le comte Dworoff en prenant le revolver et le jetant au loin. »

Alexandrine survient sur ces entrefaites.

« — Ma fille chérie, dit le comte, voici celui que tu aimes et qui prétend t'aimer. Je lui ai accordé ta main depuis quelques heures seulement, et voilà que maintenant, sans raison majeure, sans excuses acceptables, il refuse *carrément* le bonheur qu'il n'osait espérer... »

Carrément ! Le mot y est. On l'a salué au passage.

Alexandrine pâlit et chancelle comme une fille de bonne maison ; puis elle somme Témnoff de s'expliquer.

Le malheureux Témnoff avoue son affiliation à la société des nihilistes.

« — Quoi ! s'écrie le comte, vous faites partie de cette secte hideuse ?

» ALEXANDRINE, *accablée.* — Qu'entends-je ? A quelle épreuve étais-je réservée ? Oh! cruelle situation !

» LE COMTE *(à Alexandrine).* — Du calme, ma fille chérie ! *(Après réflexion, il dit à Témnoff)*: Voulez-vous rendre un grand service au gouvernement, auquel vous avez juré fidélité en qualité d'officier ?... Je tâcherai d'oublier et vous donnerai ma protection, continuant à m'intéresser à vous si vous voulez...

« TÉMNOFF *(confus).* — Homme généreux, je ne sais comment vous exprimer... *(Une détonation se fait entendre, les vitres de la croisée se brisent, une balle atteint Témnoff à la tête; il tombe mort.)*

» ALEXANDRINE *pousse un cri.* — Ah! *(Elle tombe évanouie dans les bras de son père, qui la dépose sur un canapé. — Au dehors, on entend la voix de Hougeff.)* — Meurs, traître ! »

» LE COMTE *(éperdu).* — Holà, quelqu'un !... Mon Dieu, quelle catastrophe ! »

On accourt au bruit, le prince Blitzinn le premier.

— Faites enlever ce corps au plus vite, Blitzinn, dit le comte Dworoff.

— A l'instant, excellence, dit Blitzinn.

Et le comte ajoute :

— Juste ciel! Dire que nous avons tous été la dupe *d'un monsieur pareil!*

Phénoménal!

⁂

Après un tel esclandre, Alexandrine ne voit plus qu'un parti : se retirer au couvent. « Moi qui adore notre grand empereur ! qui aime notre sainte Russie plus que tout au monde ! Oh ! l'idée seule que j'aurais pu avoir pour époux un membre de cette secte infâme me cause un frisson de mort !

» LA BARONNE, *à Alexandrine*. — Je partagerai ta retraite, je te suis.

» LE COMTE. — Comment ! vous voudriez m'abandonner, me laisser seul ?...

» Alexandrine, *embrassant son père.* — Mais ce n'est que pour trois semaines tout au plus.

» Le Comte. — Allons, me voilà rassuré... Quand serait le jour du départ ?

» Alexandrine. — Aujourd'hui même.

» Le Comte. — *En voilà une idée !* C'est impossible. Ne faut-il pas d'abord prévenir la supérieure du couvent, afin qu'on vous prépare à toutes deux un appartement convenable ? *Il faut également songer aux malles que vous voulez emporter !* Non, voici ce que je propose. Cette après-midi, quand tu seras remise, c'est-à-dire un peu moins fatiguée, nous irons tous les trois au couvent et verrons la supérieure, qui, après nous avoir montré l'appartement que vous devez occuper, fixera le jour où vous pourrez vous y installer.

» Alexandrine. — Je vous remercie, mon père, je ferai comme vous le désirez ; vous pensez à tout. »

Il pense à tout en effet, ce père magnifique ! *Et les malles que vous voulez emporter !* On ne va pas au couvent sans malles, fût-ce pour trois semaines.

C'est très logique.

Le drame s'arrête là. Tous les nihilistes sont arrêtés et seront pendus. Et, comme il n'y a pas de pièce sans mariage, Alexandrine épousera le prince Blitzinn. Il ne faut pas que ce petit cœur chôme.

« — Mon père, dit-elle *d'une voix caressante et en regardant tendrement le prince,* de même que vous aviez aidé M. Témnoff, encouragez le prince Blitzinn. »

C'est le mot de la fin.

* * *

On parlera longtemps à Nice du *Nihiliste.*

A SAINT-RAPHAEL

M. Gounod est le plus voyageur des compositeurs de musique. Je ne vais pas dans un endroit sans qu'on m'y dise : Gounod a passé par là ; il y a écrit tel ou tel de ses opéras. A Arcachon, on montre la *villa Faust*, où il a composé son chef-d'œuvre. A Londres, les cochers de cab désignent aux étrangers le cottage où fut composé *Polyeucte*, détenu par Mme Georgina Weldon et récrit tout entier par le maître.

A Maillane, dans les Bouches-du-Rhône, le doux poète Mistral, qui vit autant sur le seuil de sa porte que dans l'intérieur de sa maison, vous arrêtera affectueusement pour vous dire : « Venez donc voir la chambre où Gounod a fait la partition de *Mireille*. »

Enfin, l'autre jour, à Saint-Raphaël, dans le Var, — un petit port gentil comme tout et dont on est en train de faire une véritable station hivernale, — une surprise m'était réservée. Descendu à l'hôtel de X...., on me fait visiter plusieurs chambres pour fixer mon choix. Dans toutes ces chambres il y avait un piano.

— Que de pianos ! m'écriai-je.

— Ce sont les pianos de M. Gounod, me répondit-on.

De là, une explication. Je flairais une légende et n'avais pas tort.

M. Gounod était venu, il y a quelques années, à Saint-Raphaël. Cela avait fait rumeur. Le propriétaire de l'hôtel, particulièrement flatté, lui avait demandé, pour le retenir, ce qu'il souhaitait le mieux.

— Un piano, avait répondu le compositeur.

— C'est bien. Je vais en faire venir un de Cannes.

Le piano acheté à Cannes fut installé dans la chambre de M. Gounod.

— C'est un sabot ! dit celui-ci après l'avoir essayé.

— Vous croyez ? murmura l'hôtelier.

— J'en suis sûr.

— Alors, je vais en faire venir un de Marseille.

Le piano demandé à Marseille ne fut pas mieux apprécié du musicien.

— Si vous n'avez rien de mieux à m'offrir que cette épinette, je n'ai rien à faire ici, dit-il ; je boucle mes malles dès demain matin.

— Attendez ! dit M. Ferran en s'arrachant les cheveux, je vais écrire à Paris.

— A la bonne heure ! grommela M. Gounod.

Huit jours après, un piano arrivait de Paris à l'hôtel. Gounod daignait le trouver suffisant.

J'ignore quel chef-d'œuvre il puisa dans ses flancs. Mais depuis ce temps-là, à Saint-Raphaël, on montre à tous les voyageurs les trois pianos de l'auteur du *Tribut de Zamora*.

UNE CONFÉRENCE A MENTON

Menton, située à l'extrémité de notre littoral méditerranéen, est cette charmante petite ville dont les Anglais se sont emparés doucement, comme de Cannes et de Pau.

Ils étaient là deux amis, deux jeunes gens, quelque peu artistes, fort distingués d'ailleurs, qui se trouvaient *en plan* depuis trois semaines à l'hôtel des Cyclades, par suite de circonstances inutiles à raconter.

Afin de ne pas les compromettre, je ne les désignerai tous les deux que sous les noms de Nazarille et de Pelloquin, les héros favoris des récits d'Edouard Ourliac.

Le propriétaire de l'hôtel des Cyclades, M. Knox, gentleman accompli, était à bout de complaisances et de délais.

S'adressait-il à Nazarille, voici la réponse invariable qu'il en obtenait :

— Avez-vous vu Pelloquin ? Il doit avoir quelque chose à vous communiquer.

S'adressait-il à Pelloquin, celui-ci, plein d'urbanité, s'empressait de lui dire :

— Monsieur, je viens de télégraphier à Paris pour qu'on nous envoie de l'argent tout de suite. J'attends la réponse; voulez-vous l'attendre avec moi ? Dans ce cas, permettez-moi de vous offrir une chaise.

— Mais, monsieur, répliquait l'honorable M. Knox, voilà six semaines que vous prétendez télégraphier tous les jours.

— Cela est vrai, monsieur ; il faut qu'il y

ait quelque vice secret dans l'administration des télégraphes. Nazarille et moi, nous allons étudier la question.

Au fond, la situation était tendue et ne pouvait se prolonger longtemps ; Nazarille le sentait bien. Un matin, il vint réveiller Pelloquin dans sa chambre et, s'asseyant sur le bord du lit :

— Il n'y a plus décidément qu'un moyen de nous tirer d'affaire, lui dit-il.

— Vraiment ! il y en a un ? s'écria Pelloquin : tu m'étonnes considérablement... et quel est ce moyen ?

— Ah ! voilà !... je connais ton caractère déplorable, ton tempérament pusillanime ; tu es capable de ne pas en vouloir.

— Hélas ! dit Pelloquin en soupirant, notre situation est telle que je suis disposé à tout entendre et à tout adopter.

— Eh bien ! il faut que tu donnes une conférence.

Pelloquin se mit sur son séant et regarda

Nazarille de l'air de quelqu'un qui a mal entendu ou qui ne comprend pas.

Nazarille continua :

— Les conférences sont très à la mode en ce moment, tu ne l'ignores pas ; c'est une distraction d'un genre élevé. Une conférence à Menton, surtout par une individualité de ta valeur, excitera une légitime curiosité dans le grand monde et nous rapportera de fort beaux bénéfices.

Pelloquin se gratta le nez et dit :

— Tu veux que je fasse une conférence ?

— Une seule.

— Moi ?

— Sans doute.

— Mais... pourquoi pas toi ?

— Encore ta méfiance ! s'écria Nazarille ; mais parce que tu es bien mieux posé que moi à Menton ; parce que ta physionomie est plus grave et inspire plus de confiance. Entre nous, mon bon Pelloquin, je ne crois pas que la colonie étrangère me voie d'un très bon œil ;

j'ai à me reprocher d'avoir souvent tiré la langue aux malades qui se font rouler dans des fauteuils, et j'ai poursuivi mainte fois de mes œillades effrontées les jeunes misses qui s'en vont peindre des aquarelles dans la montagne.

Pelloquin garda le silence pendant quelques secondes.

— Je n'ai jamais fait de conférence, dit-il.

— Raison de plus ! Tu y apporteras un attrait particulier, quelque chose d'imprévu et de piquant... le charme d'un fruit sauvage.

— Je ne sais pas parler en public.

— Qui te l'a dit, puisque tu n'as jamais essayé ?

— J'ai un défaut de prononciation...

— Qui n'a rien de désagréable, au contraire. Demosthène bégayait, Mirabeau bredouillait, M. Thiers nasillait.

Pelloquin hocha la tête.

— L'improvisation n'est pas mon fort.

— Ce n'est pas ton faible non plus ; je t'ai

vu quelquefois te livrer, entre intimes... tu as de la chaleur et de la conviction.

— Trouves-tu ? En petit comité, c'est possible, ou quand j'ai bu un peu plus que de coutume.

— Eh bien ! je me charge de te faire boire, sois tranquille.

Pelloquin ne résistait plus que mollement.

— Où *donnerions-nous* cette conférence ? demanda-t-il ; dans notre hôtel ?

— Fi ! Il nous faut un local sérieux, digne de toi et de la nature sévère de ton talent. J'ai fixé mon choix sur le *Cercle des Troglodytes.*

— Très bien... mais toi, que feras-tu ?

— Encore ton caractère jaloux qui reprend le dessus ! dit Nazarille ; moi, je m'occuperai de mille détails dont tu ne pourrais convenablement t'occuper toi-même. J'organiserai la publicité, je verrai les journalistes.

— Mais il n'y en a qu'un.

— Je le verrai plusieurs fois... Je verrai aussi l'imprimeur, pour les affiches.

— Il y aura donc des affiches ?

— A tous les coins de la ville... avec des caractères hauts comme cela!

— Oh! c'est trop, murmura Pelloquin, dont le front se colora d'une modeste rougeur; je n'oserai plus mettre le pied dehors... Mais arrivons au point essentiel : de quoi traiterai-je dans cette conférence ?

— De tout ce que tu voudras, dit Nazarille d'un ton dégagé.

— Je te répète que je suis un improvisateur très insuffisant.

— Laisse-moi donc tranquille! Tu es un grand orateur qui s'ignore... Après tout, tu n'as pas besoin d'improviser.

— Comment ?

— Est-ce que tu ne sais pas quelque chose par cœur, comme tout le monde ?

— Si... répondit Pelloquin après avoir réfléchi.

— Qu'est-ce que c'est ?

— L'*Eloge de la ville de Roubaix*, par mon grand-oncle.

— Tu es donc de Roubaix ? dit Nazarille ; tu me l'avais toujours caché.

— Non, mais mon grand-oncle en était ; dans mon enfance, je lui récitais invariablement, à chaque anniversaire de sa fête, l'éloge qu'il avait composé. Cela flattait le cher bonhomme.

— Tu ne sais pas autre chose par cœur ?

— Je sais encore quelques morceaux des *Châtiments*.

— Et puis ?

— Un peu de Pierre Dupont édulcoré avec du Nadaud.

— Et puis ?

— Et puis, c'est tout, dit Pelloquin.

— Diable ! prononça Nazarille, qui avança les lèvres en signe de moue.

— Dame ! je ne suis pas Coquelin, moi...

— Nous tâcherons que cela suffise, reprit Nazarille ; l'éloge de la ville de Roubaix, qui m'avait étonné d'abord, se présente mieux à mon esprit maintenant... Roubaix, Menton... il y a là un parallèle à développer, le tableau de deux civilisations distinctes... Roubaix, la cité du travail régénérateur ; Menton, la cité du repos noblement acquis ; Roubaix, qui s'éveille au bruit retentissant des marteaux de forge ; Menton, qui s'endort au chant mélodieux de la vague. C'est une page à travailler. Pelloquin ! ou je me trompe fort, ou nous aurons un grand succès !

— Tu veux dire que j'aurai un grand succès, objecta le judicieux Pelloquin.

***

La rédaction de l'affiche absorba pendant vingt-quatre heures les deux amis, qui finirent par s'arrêter au texte suivant :

VILLE DE MENTON

CERCLE DES TROGLODYTES,

Maison du marchand de cannes

Lundi 21 *mars.*

CONFÉRENCE LITTÉRAIRE

Historique, anecdotique et humoristique
Donnée par

M. W. K. DE PELLOQUIN

Membre de plusieurs sociétés savantes, associé de plusieurs académies, correspondant de plusieurs cours étrangères, auteur de plusieurs ouvrages couronnés plusieurs fois, rédacteur et fondateur de plusieurs recueils et revues, etc., etc.

La conférence commencera à huit heures du soir, pour finir à neuf heures et demie précises, afin que la colonie étrangère puisse se retirer de bonne heure.

Les dames et les jeunes personnes pourront assister en toute sécurité à la conférence de M. W. K. de Pelloquin, qui soumissionne en ce moment la direction d'un pensionnat de premier ordre.

Prix du billet: 6 francs.

*
* *

Enfin, le grand jour arriva.

Pelloquin devenait mélancolique.

Pour lui donner l'énergie nécessaire, Nazarille lui fit servir et partagea avec lui un excellent dîner, arrosé de quatre ou cinq bouteilles d'un radieux vin de France.

— Si avec cela tu ne fais pas merveille, avait dit Nazarille, il faut désespérer de tout!

Et, après avoir refait le nœud de la cravate de Pelloquin, il le poussa vers la salle du Cercle des Troglodytes.

L'assemblée était brillante, mais elle avait ce caractère de réserve et de froideur qui est particulier aux publics étrangers.

Pelloquin salua, mais on n'applaudit point Pelloquin.

Il suait à grosses gouttes, et ce fut d'une voix étranglée qu'il prononça son exorde.

Il se remit un peu lorsqu'il arriva à ce qu'il savait le mieux, c'est-à-dire à l'*Eloge de la ville de Roubaix*. Sa voix s'affermit, son débit s'accentua.

Seulement, lorsqu'il eut fini, il s'aperçut que son *Eloge* n'avait pas duré plus de vingt minutes. Assez embarrassé, il s'inclina de nouveau et passa derrière le paravent, où l'attendait Nazarille.

Celui-ci se jetta à son cou.

— Ah! mon ami, tu as été sublime! Que te dirai-je? Viens-nous-en. La recette est splendide. Nous sommes sauvés!

— Mais il est à peine huit heures et demie, lui fit remarquer Pelloquin; le public veut m'entendre jusqu'à neuf heures et demie.

— Crois-tu?

— C'est son droit. Qu'est-ce que je vais lui dire?

— Parbleu! Recommence ton *Eloge de*

la ville de Roubaix ; de tels morceaux ne sauraient trop être vulgarisés.

— Tu as raison.

Le vin de France agissait sur le cerveau de Pelloquin, qui rentra avec plus d'assurance dans la salle du *Cercle* et qui récolta quelques applaudissements.

Cette fois, il donna tout son essor à sa verve, tout son pittoresque à sa mimique. Il atteignit ainsi neuf heures.

— Recommence!! lui cria Nazarille derrière le paravent.

Pelloquin achevait pour la troisième fois l'*Eloge de la ville de Roubaix* lorsque la demie de neuf heures se faisait entendre.

Aussitôt, comme par un mouvement automatique, la colonie étrangère se leva tout entière et opéra sa retraite en bon ordre.

Ce fut une des plus belles conférences dont le *Cercle des Troglodytes* ait gardé la mémoire.

FIN.

TABLE DES MATIÈRES

Ma nuit de novembre.
Pour commencer. 1
Une aventure de M. Renan. 6
Opinions à vendre. 12
Un calembour historique 19
Du paysage en politique. 23
Le chêne de saint Louis. 26
Crimes 29
Un candidat à l'Académie 32
Sur un plat d'or. 36
Attestations 40
Sujets de comédies. 43
Le barbier Thomas. 50
Autographes 56

Sauvetages et sauveteurs	66
Le semillant Lemontey	72
Sarcey	74
Ignotus	77
Au bas de l'escalier	81
Le musée Grévin	85
Avant le salon	93
Les signes correspondants	100
Jundt	104
L'histoire sur le pavé	110
La mort du cochon	114
Le télégraphe	118
Villemessant pèlerin	122
Fils d'Esculape	126
A l'Ambigu	129
Le Directeur Billion	136
Un souffleur original	142
Dans une boîte	145
Sarah Bernhardt en Amérique	148
Alphonsine	157
Largesse de Souverain	160
Les coiffeurs	166
L'inventeur de la loterie	171
A Nogent	185
A Londres	191
A Bruxelles	211
A Dunkerque	222
A Ermenonville	226
Au Mont Saint-Michel	229

A Bordeaux	236
En Provence	243
Victor Gelu	208
Rancurel	276
Le nihiliste	287
A Saint-Raphaël	301
Une conférence à Menton	304

Paris. — Imprimerie G. Rougier et Cⁱᵉ, rue Cassette, 1.

www.ingramcontent.com/pod-product-compliance
Lightning Source LLC
Chambersburg PA
CBHW060408170426
43199CB00013B/2046